Hauptschule Bayern

Das Hirschgraben Deutschbuch

6

Arbeitsheft

Erarbeitet von
Wolfgang Finke, Brilon
Ralf Neubert, Poppenhausen
Monika Rom, Würzburg

Cornelsen

Cornelsen

Hauptschule Bayern

Das Hirschgraben Deutschbuch 6

Lösungen

Seite 4

1 Welche Bedeutung hat das Wetter für uns?
Wie entsteht Wetter?
Was wird zu den beiden unteren Stockwerken gesagt?

2 Abschnitt 1: Zeile 1–8
Abschnitt 2: Zeile 9–12
Abschnitt 3: Zeile 13–24

Seite 5

3 **Atmosphäre:** Lufthülle der Erde
Wetter: Zustand, der durch Sonne, Luft und Wasser in der Troposphäre entsteht (z. B. Wind, Wolken Regen usw.)
Troposphäre: unterste Schicht der Atmosphäre
Stratosphäre: zweite Schicht der Atmosphäre (über der Troposphäre)

4 zum Beispiel:
Die Bedeutung des Wetters für uns: Was wird durch das Wetter beeinflusst?
Sonne, Luft und Wasser als Wettermacher: Was tragen Sonne, Luft und Wasser zum Wetter bei?
Wo das Wetter entsteht: In welcher Schicht der Lufthülle der Erde gibt es Wetter?

5 zum Beispiel:
Abschnitt 1: Die Bedeutung des Wetters
Abschnitt 2: Die Wettermacher Sonne, Luft und Wasser
Abschnitt 3: Der Aufbau der Atmosphäre

Seite 6

1 **Die Bedeutung des Wetters für uns**
- Das Wetter bestimmt: Stimmung, Auswahl der Kleidung, Freizeit, Landwirtschaft, Häuserbau und Gesundheit.

Sonne, Luft und Wasser als Wettermacher
- Sonne: Licht und Wärme
- Luft: schützende Hülle
- Wasser: in Meeren, Seen, Wolken und der Luft

Wo das Wetter entsteht
- Atmosphäre: Lufthülle der Erde aus mehreren Schichten
- Troposphäre: unterste Schicht der Atmosphäre, 12–17 Kilometer hoch
- Wetter gibt es in der Troposphäre.
- Je höher man kommt, desto dünner wird die Luft. (Sauerstoffmasken der Bergsteiger!)
- Stratosphäre: zweite Schicht der Atmosphäre, Höhe etwa 50 Kilometer, im unteren Bereich noch Wolken

2 b Wenn das Wetter sich ändert, ... (Zeile 5–8)
Das Wetter wird von ... (Zeile 9)
Die Lufthülle schützt ... (Zeile 10–11)
Unser Wetter entsteht ... (Zeile 16 –18)

Seite 7

1 b Bei manchen Computerspielen ... (Zeile 1–4)
Man wäre froh, ... (Zeile 4–6)
Um Spiele zu testen, ... (Zeile 6–9)
Wenn man eine bestimmte ... (Zeile 9–11)
Die Cheats sind ... (Zeile 11–14)
Die richtigen Zeichen- und Zahlenkombinationen ... (Zeile 14–16)

Seite 8

2 a Cheats sind bestimmte Tricks, mit denen man *den Schummelmodus aktivieren kann.*
Ein Geheimcode ist eine *Kombination* von Zeichen und *Zahlen,* die nicht *im Handbuch stehen.*
Spielsoftware sind Computerprogramme, in denen man Spielpunkte wie *„Zeit“*, *„Leben“* oder *„Geld“* sammelt.

2 c zum Beispiel:
Was man im Internet alles machen kann:
– E-Mails schreiben,
– Informationen heraussuchen,
– mit anderen Internetbenutzern chatten,
– Daten von einem Computer auf den anderen senden,
– eine eigene Homepage erstellen, . . .

zum Beispiel:
Internet: ein weltweites Computernetzwerk, das aus vielen einzelnen, kleineren Netzwerken besteht und mit dem man Informationen von überall her angucken und versenden kann.

Seite 9

3 a speziell – *ganz bestimmte,* Modus – *Möglichkeit,* kritisch – *anspruchsvoll*

3 b zum Beispiel:
Kombinationen: Verbindungen, Verknüpfungen, Zusammenstellungen
aktivieren: in Gang bringen

4 a 1. Abschnitt: Zeile 1–6
2. Abschnitt: Zeile 6–9
3. Abschnitt: Zeile 9–14
4. Abschnitt: Zeile 14–16

4 b zum Beispiel:
Schwierigkeiten: *Bei Computerspielen gibt es irgendwann immer einen Punkt, an dem man nicht weiterkommt.*

Geheimcodes: *Für diese Fälle und zu Testzwecken haben Programmierer Geheimcodes (Cheats) entwickelt.*

Anwendung der Cheats: *Wenn man eine ganz bestimmte Zahlen- und Zeichenkombination eingibt, kann man schwierige Spielabschnitte überspringen oder man bekommt zusätzliche Spielpunkte.*

Informationsquellen: *Die Cheats werden in Lösungsbüchern, Zeitschriften und im Internet veröffentlicht.*

Seite 11

1 zum Beispiel:
Wie Eulenspiegel Eulen und Meerkatzen buk (backte)
Eulenspiegels Streich als Bäckergeselle
Eulenspiegel spielt einem Bäcker einen Streich

2 Abschnitt 1: Zeile 1–4
Abschnitt 2: Zeile 5–15
Abschnitt 3: Zeile 16–28
Abschnitt 4: Zeile 29–36
Abschnitt 5: Zeile 37–40

3 ... hieß ihn der Bäcker – *befahl ihm der Bäcker*
... und buk sie – *und backte sie*
Dass du das jähe Fieber kriegst! – *Dass du zur Hölle fährst!*
... mit diesem Narrenzeug tun – *mit diesem unnützen Zeug tun*
... dass man nicht Geld daraus löste – *dass man nicht Geld dafür bekommen könnte*
... dem Bäcker kundgetan – *dem Bäcker mitgeteilt*
... verdross das sehr – *verärgerte das sehr*
... der Bäcker hatte das Nachsehen – *der Bäcker hatte Pech gehabt*

4 a r – r – f – f – f – r

Seite 12

4 b Der Bäcker wollte für den nächsten Tag normale Backwaren gebacken haben.
Eulenspiegel formte aus dem ganzen Teig Eulen und Meerkatzen.
Der Bäcker wollte, dass Eulenspiegel ihm den Teig bezahlt. Danach konnte er die Backwaren mitnehmen.

5 b Als Bäckergeselle ... (Zeile 10–12)
Was du gebacken ... (Zeile 22–24)
In Braunschweig ... (Zeile 31–33)
Eulenspiegel verkaufte ... (Zeile 34–36)

Seite 13

3 Bruder – Schuhe: nicht mehr glattes Leder, dünnere Sohle
jüngerer Vetter – Schuhe: Leder war gerissen, löchrige Sohle

Seite 15

1 Als der Junge durch den Regen ging, da wurden die Schuhe *nass (klitschnass, feucht, ...).*
Er ging durch den Staub, da wurden die Schuhe *schmutzig (dreckig, staubig, ...).*
Als er sie längere Zeit getragen hatte, wurden sie *zu klein (zu eng, ...).*
Der Bruder trug die Schuhe danach. Das Leder zeigte sich *rau (rissig, abgenutzt, abgescheuert, ...).*

2 Nach einiger Zeit war die Sohle so löchrig wie *ein Schweizer Käse.*
Die Sohle war so dünn wie *ein Blatt Papier.*
Man warf die Schuhe weg. Da waren sie so dreckig wie *eine Mülltonne.*

3 Der Junge ging mit den Schuhen in den Regen. Da wurden sie nass, *so nass wie eine Katze im Regen (klitschnass).* Der Junge trug die Schuhe jeden Tag, *jeden Tag von früh bis spät.* Das Leder war schon gerissen, die Sohle hatte ein Loch, *ein großes Loch, noch größer als ein Loch im Käse.* Die Maus wohnte darin ein ganzes Jahr und brachte Junge *das ganze Jahr.* Welke Blätter fielen *und fielen* und deckten das Paar Schuhe zu. Von den Schuhen war nichts mehr zu sehn, *fast überhaupt nichts.*

Seite 16

1 zum Beispiel:
sie trug, er verlor, ich warf, wir kamen, wir wohnten, er brachte, sie zogen aus, du ruhtest, sie glitt

2 gab, trug, trug, verlor, verlor, warf ... weg, warf, kam, wohnte, wohnte, brachte, wohnten, zogen aus, kam, ruhte, glitt, kam, kam, kamen

3 [...] Jetzt gab man die Schuhe dem kleineren Bruder des Vetters. Sein großer Zeh war noch nicht so groß, er lugte vorne nicht heraus, und der Vettersbruder trug die Schuhe wieder jeden Tag.
Er trug sie aber höchstens noch ein Vierteljahr, dann verlor er links die Sohle, und rechts verlor er den Hacken.
Nun warf man die Schuhe weg, man warf sie auf ein Feld.
Eine Feldmaus kam und wohnte darin.
Sie wohnte darin ein ganzes Jahr und brachte Junge das ganze Jahr, zuletzt wohnten zwanzig Mäuse darin.
Die Mäuse zogen aus, die Schuhe waren allein, und ein Regenwurm kam und ruhte zwei Tage, dann glitt er in die Erde hinein.
Ein Käfer kam, ein Schmetterling kam, und mehrmals kamen kleine dicke Spinnen. Sie verschwanden bald wieder, unbemerkt wohin.
Ameisen kamen und bauten sich ein Nest. Bienen kamen und summten über dem Nest.
Sonne schien in die Stube hinein.
Blätter fielen und deckten die Schuhe zu.
Schneeflocken fielen und deckten Blätter und Schuhe zu.
Nachher blühten Blumen.
Aus dem Feld, aus dem Gras, aus Busch und Strauch – es blühten überall Blumen.
Von den Schuhen war nichts mehr zu sehn.

Seite 17

2, 3 Die Feldmaus näherte sich ängstlich und neugierig den Schuhen und sprach:
„Was sehe ich da? Gestern lag hier nur die alte Dose."
„Das siehst du doch", antwortete ärgerlich einer der beiden Schuhe.
„Ein Junge hat uns hier auf das Feld geworfen. Einfach weggeworfen!"
„Unglaublich!", empörte sich die Feldmaus. „Wirklich unglaublich!"
Der Zwillingsbruder meldete sich lautstark zu Wort: „Vor langer, langer Zeit wurden wir einem Jungen geschenkt. Er trug uns jeden Tag, über ein langes ..."
„Halt! Halt!", unterbrach ihn ungeduldig die Feldmaus. „Erst einmal möchte ich euren Namen wissen." Als sie das sagte, bewegte sie den Kopf ruckartig hin und her.

Seite 22

2 a spottete – machte sich lustig; erwiderte – antwortete, entgegnete;
rechtschaffen – ehrlich, aufrichtig; sogleich – sofort; festgesetzt – vereinbart;
über alle Maßen – besonders, sehr

Seite 23

4 Zeile 9–11

5 Der Hase verlor den Wettkampf, weil *er sich erst schlafen legte.*
Die Schildkröte gewann, denn *sie ging sofort los.*
Wenn der Hase nicht geschlafen hätte, dann *hätte er leicht gewinnen können.*
Als der Hase zum Ziel kam, war er überrascht, dass *die Schildkröte schon da war.*
Zum Schluss spottete der Hase nicht mehr, denn *er hatte sich selbst dumm verhalten.*

Seite 25

2 a Weil es durstig war, ging ein Schaf an den Fluss. Aus dem gleichen Grund war der Wolf dort, aber er war auf der anderen Seite des Flusses. Das Wasser trennte die beiden und so war das Schaf in Sicherheit. Deshalb traute sich das Schaf, übermütig (frech) zu werden.
Habe ich dich nicht etwa vor sechs Wochen beschimpft?
Der Wolf verstand, dass sich das Schaf über ihn lustig machte, ...
... und ging selbstbewusst weiter.

4 b zum Beispiel:
Von der sicheren Seite her lässt es sich gut spotten.

Seite 26

1 Zauberstab

2 ein DIN-A4-Blatt, Lineal, Bleistift, bunte Stifte, Klebstoff

3
1. Blatt bereitlegen
2. Mit Lineal und Bleistift wird ein 7 cm breiter Rand auf das Blatt gezeichnet.
3. Der Rand wird mit Zauberzeichen bemalt.
4. Das Blatt wird quer über die Tischkante gezogen, die bemalte Seite ist oben.
5. Das Blatt wird mit der bemalten Seite nach unten auf den Tisch gelegt. Man legt einen Bleistift auf das Papier und rollt es quer um den Bleistift herum auf. Man beginnt an der unbemalten Seite.
6. Danach wird die Rolle geklebt.
7. Zum Schluss zieht man den Stift heraus.

4 zuerst, dann, nun, jetzt, danach

Seite 27

1 zum Beispiel:
Wasser-Zaubertrick
Wie man Wasser anheben kann

2 ein tiefer Teller, etwas Wasser, ein Teelicht, ein Feuerzeug oder Streichhölzer, ein Glas, kleine Stückchen Kork o. Ä., ein Zauberstab

3 Zuerst gießt du Wasser in einen tiefen Teller. Dann stellst du ein Teelicht in den Teller. Jetzt zündest du das Teelicht an. Nun stellst du ein Glas darüber auf die kleinen Korkstückchen. Zuletzt wird das Glas mit dem Zauberstab berührt. Und siehe da: Das Wasser wird etwas angehoben.

Seite 28

1 zum Beispiel:
Der Zaubertrick mit der Postkarte
Die magische Postkarte

2 ein bis oben mit Wasser gefülltes Glas, eine Postkarte, ein Zauberstab

3 – Wasser in ein Glas füllen (voll, ohne Luft)
– Postkarte auf das Glas legen
– Glas mit dem Zauberstab berühren
– Postkarte festhalten und Glas drehen, bis die Postkarte nach unten zeigt
– Postkarte loslassen: Sie fällt nicht ab!

4 Zuerst füllt man ein Glas bis zur oberen Kante mit Wasser. Dann legt man eine Postkarte auf das Glas und berührt beides mit dem Zauberstab. Nun hält man die Postkarte fest und dreht das Glas, bis die Postkarte nach unten zeigt. Und siehe da: Wenn man die Postkarte jetzt loslässt, fällt sie nicht herunter!

Seite 29

1 1 Teelöffel Zimt, 1 Tasse Erdbeermarmelade, 1 Tasse gehackte Nüsse

2 Eier *in Eiweiß und Eigelb trennen*
Mehl *sieben*
Backpulver mit *der Buttermilch vermischen*
Eiweiße *steif schlagen*
Backform *buttern*
Ofen auf 180 °C *vorheizen*

3 *zuerst, nun, dann, als Nächstes, jetzt, zuletzt*
(Die Wörter aus der zweiten bis fünften Lücke können untereinander getauscht werden.)

Seite 32

2a Zeile 8: Barden: Dichter und Geschichtenerzähler

Seite 33

3 Text S. 30
Absatz 1: Namensgebung, Lebensraum
Absatz 2: Kleidung

Text S. 31/32
Absatz 1: Druiden
Absatz 2: Ernährung
Absatz 3: Handwerker
Absatz 4: Bestattung

Seite 34

6 Kerngebiet: Niederlande, Belgien, Ostfrankreich, Schweiz, Österreich, Teile Deutschlands, Teile Tschechiens
Ausbreitung in folgende Länder: Westfrankreich, Großbritannien, Ungarn, Rumänien, Bulgarien, Nordspanien, Teile der Türkei
Vorstöße nach: Spanien, Großbritannien, Italien, Griechenland, Türkei, Ukraine, Russland

Seite 35

3 – eine erste Sichtung durchführen (Z. 4–5)
– die Fläche auf dem Feld abstecken (Z. 9)
– die Erde bis zu einer Tiefe von ca. 40 cm ausheben (Z. 11)
– die Erde mit Spaten, Spachtel und Pinsel entfernen (Z. 13–15)
– eine Zeichnung der Grabkammer anfertigen (Z. 16–17)
– die Grabkammer öffnen (Z. 20–27)
– die Fundstücke im Labor reinigen und untersuchen (Z. 28–29)

Seite 36 1 1) 8.30 Uhr: Beginn der Busfahrt ins Keltenmuseum Bad Königshofen
2) Schüler beschmutzt einen Sitz im Bus mit seinem Pausenbrot, der Busfahrer schimpft
3) 9.30 Uhr: Ankunft vor dem Museum, Museumsführer stellt sich vor

Seite 37 4) Besichtigung einer wieder aufgebauten keltischen Grabkammer
5) Schüler ziehen sich keltische Kleidung an
6) Ein Schüler hat Bauchschmerzen
7) Klasse sitzt in einer Gesprächsrunde, sie wollen die Ergebnisse ihres Ausflugs auf Plakaten festhalten

2 Bild 2 und 6 enthalten unwichtige Informationen.

Seite 38 1 du stelltest vor, er/sie/es zeigte, sie sahen, wir erklärten, ihr schautet an, wir zogen an, sie verkleideten, er/sie/es besprach, du erzähltest

2 Sie blieben zu Hause und lernten von ihren Eltern alles, was sie wissen mussten.
Viele junge Männer verließen ihr Elternhaus und wurden Krieger.
Die Mädchen erledigten überwiegend die Hausarbeit.
Sicher spielten keltische Kinder auch, wenn es die Zeit erlaubte.

Seite 39 1, 2 Eine Schulklasse (Die Klasse 6b) besuchte das Museum.
Das Museum ist in Bad Königshofen.
Die Busfahrt dorthin dauerte eine Stunde.
Ein Museumsführer führte die Klasse durch das Museum.
Man konnte dort eine wieder aufgebaute keltische Grabkammer und Kleidung anschauen, die so aussah wie die der Kelten früher.
Die Schüler verkleideten sich, weil sie so aussehen wollten wie die Kelten damals.
Die Schüler sprachen anschließend über ihren Museumsbesuch in einem Gesprächskreis.
Sie wollen über ihren Ausflug ein Plakat gestalten, um Informationen weiterzugeben.

Seite 40 1 Was ist passiert?
Wo wurde der Vorfall beobachtet?
Wer war der Zeuge?
Wie konnte der Täter entkommen?
Wie konnte man den Täter finden?
Welche Strafe erhält der Täter?
Welche anderen Folgen hatte der Vorfall?

2 Warum hat der 25-Jährige die Wände beschmiert?

Seite 41 2a von oben nach unten: 4 – 7 – 5 – 3 – 1 – 6 – 8 – 2 oder 4 – 8 – 5 – 3 – 2 – 6 – 7 – 1

2b zum Beispiel: Kind fällt direkt in die Arme der Mutter

Seite 42 1 Du willst doch nur angeben! Das finden bestimmt alle toll! Tattoos sind Mist!

Seite 43 2 Auch, weil, Außerdem, da

Seite 44 5 Zudem ist eine Tätowierung ziemlich teuer.

Seite 46 1 die Höhle, die Temperatur, die Gegend, die Behausung, der Mensch, die Verfolgung, der/das Teil

2 die Temperaturen, viele Temperaturen
die Gegenden, mehrere Gegenden
die Behausungen, keine Behausungen
die Menschen, alle Menschen
die Verfolgungen, wenige Verfolgungen
der/das Teil, allerlei Teile

3 die dunkle Höhle, die geheimnisvolle Höhle, die feuchte Höhle, das schlechte Wetter, die dunkle Behausung, das warme Gestein, das feuchte Gestein, die feuchte Luft

4 ein schlechter Unterschlupf, vor feindlichen Verfolgern, vor sicherem Wetter, in zahlreichen Gegenden, in wertvollen und geheimnisvollen Höhlen, urzeitliche Tiere, seltene Pflanzen, lichtscheue Behausungen

zum Beispiel:
ein sicherer Unterschlupf, das schlechte Wetter, die geheimnisvollen Höhlen, die lichtscheuen Tiere, die urzeitlichen Behausungen

Seite 47

1 achten – die Achtung, ausbilden – die Ausbildung, bescheiden – die Bescheidenheit, bestellen – die Bestellung, bewegen – die Bewegung, blind – die Blindheit, dumm – die Dummheit, entdecken – die Entdeckung, frech – die Frechheit, freundlich – die Freundlichkeit, geheim – das Geheimnis, hindern – das Hindernis, klug – die Klugheit, möglich – die Möglichkeit, notwendig – die Notwendigkeit, schön – die Schönheit, sicher – die Sicherheit, traurig – die Traurigkeit, überraschen – die Überraschung

Seite 48

1 Das Rot, die Schnellste, die Kleinen, die Größten, das Interessanteste

2 Wir sahen nichts Langweiliges.
Mir wurde wenig Unverständliches gezeigt.
Der Film zeigt einiges Erstaunliche und manches Überraschende.
Alles Gute habe ich schon gesagt.

Seite 49

1 „Hugo“, kichert Anne, „das ist aber ein lustiger Name.“
„Hm! Find ich auch“, meint Nina.
Anna fragt: „Wie groß ist er denn?“
„Wie eine kleine Maus“, lacht Nina.
Anna fragt: „Hast du ihn in deinem Zimmer?“
„Ja! Aber ich darf ihn nicht frei laufen lassen“, entgegnet Nina.
Sie fügt hinzu: „Manchmal mach ich es aber doch. Willst du ihn mal sehen?“
„Gern“, antwortet Anna, „ich habe heute Zeit.“
Freudig ruft Nina: „Toll! Du kannst heute Nachmittag kommen.“

2

Sport	Musik	Kleidung	Computertechnik	Sonstiges
– joggen	– Techno	– T-Shirt	– Scanner	– Portmonee
– Inliner	– Rhythmus	– Shorts	– Homepage	– Trolley
– Volleyball	– Sound	– Design	– Internet	– cool
– surfen	– Discjockey	– Boots	(– surfen)	– Wellness
– Training	– Bandleader	– Jeans	– Explorer	– Laser
– Mountainbike	– CD-Player		– kopieren	– Creme
– Team			(– Laser)	– Operation
			– programmieren	– Prozent
			– Display	– Talkshow

Seite 50

2 St – ah – l
st – eh – l – e – n
f – üh – l – e – n
W – ah – l

3 ähnlich, allmählich, angenehm, die Bahn, der Bahnhof, befehlen, dehnen, erzählen, die Erzählung, fahren, der Fahrer, die Fahrerin, ihm, ihn, ihnen, ihr, ihrem, das Jahr, lehren, der Lehrer, die Lehrerin, sah, der Sohn, der Stuhl, die Uhr, der Verkehr, wahr, während, wahrscheinlich, wohl, wohnen, die Zahl, zahlen, zählen, der Zahn, zehn

1 die Länder, das Land
die Tage, der Tag
die Gegenden, die Gegend
die Siebe, das Sieb
die Körbe, der Korb
die Zelte, das Zelt

Seite 51

2 zum Beispiel:
er lag im Bett – wir lagen
sie schrieb einen Brief – wir schrieben
er fand den Brief – finden
er gab – geben
sie stand – wir standen
er blieb lange – bleiben

3 gelb – gelbe, krank – kranken, feucht – feuchten, rund – runde

1 überkront, die Krone, die Kronen
der Tag, betagt, die Tage
der Kranführer, der Kran
gespukt, das Spukschloss, der Spuk, spuken
torlos, der Torbalken, das Tor
klarkommen, klarlegen, klar
qualvoll, die Qualen, die Qual

Seite 52

1 Die äußeren Blätter der Salatköpfe entfernen, die Salatherzen waschen und gut abtropfen lassen. Die Blätter etwas auseinander drücken und die Salatherzen auf 2 Teller verteilen.
Petersilie fein hacken, mit Essig, Salz, Pfeffer und Öl zu einer Salatsauce verrühren, Sauce über die Salatherzen verteilen.
Speck würfeln und in der Pfanne knusprig braten.
Eier mit 3 EL Wasser und etwas Salz verquirlen, die Butter oder Margarine in einer Pfanne zerlassen. Die Eiermasse hineingießen, langsam stocken lassen und dabei mit dem Pfannenwender vorsichtig von außen nach innen zusammenschieben.
Das Rührei in 2 Portionen teilen und auf den Salatherzen anrichten, die Speckwürfel und die Schnittlauchröllchen darüber streuen.

2 Kopfsalate, Petersilie, Margarine oder Butter, Schnittlauch, Essig, Salz, Öl, durchwachsener Speck und Eier

Seite 53

3 Beim Salat muss man die äußeren Blätter entfernen, die Salatherzen waschen, abtropfen lassen, die Salatblätter auseinander drücken und die Salatherzen auf 2 Teller verteilen. Die Petersilie fein hacken, mit Essig verrühren, mit Salz verrühren, Pfeffer einstreuen und die Mischung mit Öl zu einer Salatsauce anrühren.

1 Wenn ich Zwiebeln schneide, tränen meine Augen.
Wenn ich Salat kaufe, achte ich auf Sonderangebote.
Wenn ich Salat kaufe, achte ich auf welke Blätter.
Wenn sie Rührei machen, rühren sie mit einem Pfannenwender.
Wenn es Abend wird, knurrt oft mein Magen vor Hunger.
Weil uns Zutaten fehlen, kochen wir erst morgen.
Weil wir gesund leben, essen wir viel Obst und Gemüse.
Weil wir gesund leben, sind wir nicht oft krank.
Weil sie gut kochen, kommen ihre Freunde gern zu Besuch.

Seite 54

2 zum Beispiel:
Leon fand seine Uhr nicht, als *er gestern Morgen aufstand.*
Das Wasser blieb kalt, als *er anschließend unter der Dusche stand.*
Leon sah das platte Vorderrad, als *er sein Fahrrad aus dem Keller holte.*

Seite 55

2 zum Beispiel:
Jan Marc will nächste Woche *schwimmen lernen.*
Den Fehler in deinem Heft kannst du nicht *stehen lassen.*
Alexander ist müde und will noch *liegen bleiben.*
Wenn morgen gutes Wetter ist, wollen wir *wandern gehen.*
Du willst ihn mit zwölf Jahren schon allein in die Disko *gehen lassen?*

Seite 56

3 schnell – das Gestell – das Fell – hell
matt – satt – glatt
stumm – dumm – krumm
das Futter – die Butter – die Mutter
retten – wetten – die Betten
rollen – die Knollen – tollen – wollen
trimmen – stimmen – schwimmen
trennen – rennen – nennen
Tasse

4 trimmen – er trimmt, wetten – sie wettet, tollen – er tollt, trennen – es trennt, stimmen – es stimmt, wollen – er will, rennen – sie rennt, nennen – er nennt, schwimmen – es schwimmt

5 der stumme Mann, die dumme Gans, das schnelle Pferd, das satte Kind, die glatte Tischplatte, der krumme Ast

6 zum Beispiel:
hell – die Helligkeit, matt – die Mattheit – die Ermattung, die Tasse – der Tassenrand – die Untertasse, stumm – die Stummheit, retten – die Rettung – der Retter – das Rettungsboot, rollen – die Rolle, dumm – die Dummheit – der Dummkopf, schnell – die Schnelligkeit, das Gestell – stellen, trimmen – der Trimm-dich-Pfad, das Fell – die Fellmütze, der Knollen – der Wurzelknollen, wetten – die Wette – der Wetteinsatz – der Wettgewinn, tollen – das Herumtollen, trennen – die Trennung, stimmen – die Stimmigkeit, die Butter – das Butterbrot, wollen – der Wille, rennen – das Rennen – die Rennmaus, satt – die Sättigung, die Mutter – die Mütterlichkeit, nennen – die Nennung, die Betten – sich betten, schwimmen – das Schwimmbad – der Schwimmer, glatt – die Glätte – glätten, krumm – krümmen

Seite 57

2 schmusen – sie schmuste, speisen – er speiste, reisen – sie reiste,
beweisen – er bewies, niesen – sie nieste, preisen – er pries, rasen – es raste

3 schlie-ßen, gie-ßen, Stra-ße, Fü-ße, grö-ßer

4 es schloss, es goss

5 fas-sen, mes-sen, las-sen, es-sen, fres-sen, pres-sen, küs-sen,
die Nüs-se, die Küs-se, die Schüs-se, die Fäs-ser, die Flüs-se, die Ris-se

6 zum Beispiel:
messen – sie misst, lassen – er ließ, essen – iss!, fressen – sie fraß, pressen – press!,
küssen – sie küsst, die Nüsse – die Nuss, die Küsse – der Kuss, die Schüsse – der Schuss, die Fässer – das Fass, die Flüsse – der Fluss, die Risse – der Riss

Seite 58

2 Kalender, schief, fand, Frühstückstisch, Überraschung

Seite 66

1/1 Bäume haben viele Feinde, besonders Tiere, die Blätter fressen.
Auch Insekten und Pilze ernähren sich von Holz, obwohl Blätter als Nahrung besser sind.
Giftige Abgase werden durch Autos, Industrien und Kraftwerke verursacht.
Eine große Gefahr für den Baum ist auch der Borkenkäfer.
Borkenkäfer übertragen Krankheiten, die die Bäume abtöten.
Einige Tiere ernähren sich von dem Baum selbst.
Andere Tiere fressen als Nahrung die Schädlinge des Baumes.
Regenwürmer sind sehr wichtig für Bäume. Sie zersetzen abgefallene Blätter im Erdreich und wandeln sie zu Nährstoffen um.

1/2 Das Wegwerfen von Müll im Wald ist strengstens verboten.
Das Besteigen morscher Hochsitze ist sehr gefährlich.
Im Herbst verlieren viele Laubbäume ihre Blätter.
Zum Pressen von Blättern kann man sich eine Pflanzenpresse aus Holz basteln.
Im Frühling gefällt mir besonders das zarte Grün der Buchenblätter.
Im Mai tauchen zahlreiche Blumen die Wiesen in ein kräftiges Gelb oder leuchtendes Lila.
Laubbäume tragen im Herbst rote, gelbe oder braune Blätter.
An vielen Waldseen ist das Angeln nicht erlaubt, um dort den Fischbestand zu erhalten.

Seite 67

2/1 der Wasserlauf, müssen, die Bewässerung, entnommen,
die Halle, die Regentropfen, das Sonnenlicht, die Flüsse,
das Lebewesen, der Hammel (der Hagel), der Bogen, essen,
sie isst, das Abendessen, der steile Weg, der Besen

2/2 Wasser wird aus Flüssen, Seen oder aus dem Boden entnommen.
Wenn nicht genügend Regen fällt, müssen die Felder künstlich feucht gehalten werden.
Diesen Vorgang nennt man Bewässerung.
Auf dem Weg von der Quelle zum Meer verändern sich die Eigenschaften des Wassers.
Gebirgsflüsse haben eine hohe Fließgeschwindigkeit. Hier müssen sich die Wassertiere an Felsen schmiegen oder sehr schnell schwimmen.

2/3 Forellen und Larven der Eintagsfliegen gedeihen im oberen Flusslauf.
Im mittleren Flusslauf leben zahlreiche Fische, große Wasserkäfer und Rückenschwimmer.
Der mittlere Flusslauf besitzt schnelle und beruhigte Abschnitte.
Im Mündungsbereich des Flusses wachsen Sumpfpflanzen, große Schilfgewächse und Wasserlilien.
Flüsse und Seen werden von der Industrie oft als Müllkippen benutzt.
Abwässer und andere Schadstoffe werden einfach hineingeleitet.

Seite 68

3/1 die roten Rosen, der Zierrasen, er rast, der Wasserstand,
die Lebewesen, das Kissen, besser, der Besen,
lesen, der Flusslauf, leise, die Reise,
vergessen, die Nässe, die Mäuse, die Preise

3/2 die Reise – weise – leise – ich verspeise – die Meise
rasen – die Nasen – die Vasen – blasen

4/1/A Große Mengen Wasser werden verschwendet, verseucht, verschmutzt, vergiftet oder vergeudet.
Das Wasser fällt als Regen, Hagel, Schnee oder Tau wieder auf die Erde zurück.
Das Wasser wird aus Flüssen, Teichen, Seen, Bächen und aus dem Boden entnommen.
In unseren Gewässern leben Forellen, Schollen, Seehechte, Zander, Schellfische, Heringe und der Kabeljau.

4/1/B Wir verschwenden, verseuchen, verschmutzen, vergiften oder vergeuden große Mengen Wasser.
Vom Himmel fällt das Wasser als Regen, Hagel, Schnee oder Tau wieder auf die Erde zurück.
Wir entnehmen das Wasser aus Flüssen, Teichen, Seen, Bächen und aus dem Boden.
Angler finden in unseren Gewässern Forellen, Schollen, Seehechte, Zander, Schellfische, Heringe und den Kabeljau.

Seite 69

5/1 1. Abschnitt: undenkbar, sehr, schnell
2. Abschnitt: Landwirtschaft, herstellen

6/1/A das Feld – die Felder, der Vorgang – die Vorgänge, die Bewässerung – die Bewässerungen,
die Bewegung – die Bewegungen, der Haushalt – die Haushalte, der Tag – die Tage,
die Wasserverschmutzung – die Wasserverschmutzungen, die Vergiftung – die Vergiftungen

6/1/B das feuchte Feld, die ausreichende Menge Wasser, das gelbe Gras, die ständige Bewegung

Seite 70

1 Anna geht zu ihrer Freundin _und_ ihr Bruder geht nach Hause.
Anna geht zu ihrer Freundin, _aber_ ihr Bruder geht nach Hause.
Marcel geht *ins Kino oder er geht ins Schwimmbad.*
Franziska *kommt morgen nicht, denn sie ist krank.*

2 Kitti liebt ihren Michl und Michl liebt die Kitti.
Kittis Eltern leben getrennt, aber Michls Eltern leben zusammen.
Kitti will nicht nach Salzburg ziehen, denn Kitti will in Wien bleiben.
Kitti verbringt das Wochenende mit Michl oder Kitti verbringt das Wochenende mit ihrem Vater.

Seite 71

3 da/weil, obwohl, dass, wenn, damit, indem, dass, wenn/indem, weil, damit

Seite 72

1 b) Der Ball rollt neben den Schrank.
c) Der Ball rollt zwischen die Schränke.
d) Der Ball rollt vor den Schrank.
e) Der Ball rollt unter den Schrank.

2 b) Der Ball liegt neben dem Schrank.
c) Der Ball liegt zwischen den Schränken.
d) Der Ball liegt vor dem Schrank.
e) Der Ball liegt unter dem Schrank.

3 auf, unter, vor, bis zu, aus, an, mit, nach dem Dach
vor, aus lauter Zorn
seit, auf, vor, bis zu, an, mit, nach ihrem Geburtstag
seit, auf, vor, bis zu, trotz, wegen, an, mit, nach der Feier
seit vorletztem Wochenende

4 mit, zu, mit, vor, Im, durch, in

Seite 73

1a

Präsens	**Perfekt**	**Futur**
gibt	hat genommen	wird werden
bestimmt	ist ergangen	werden erreichen
fallen	ist weitergezogen	wird bleiben
ist		wird sorgen
wechselt sich ab		wird geben
bleibt		wird sich verabschieden
scheint		wird klettern
können schmieden		wird wiederkehren

b gibt – hat gegeben, wird geben; bestimmt – hat bestimmt, wird bestimmen; fallen – sind gefallen, werden fallen; ist – ist gewesen, wird werden; wechselt sich ab – hat sich abgewechselt, wird sich abwechseln; bleibt – ist geblieben, wird bleiben; scheint – hat geschienen, wird scheinen; können schmieden – haben schmieden können, werden schmieden können; hat genommen – nimmt, wird nehmen; ist ergangen – ergeht, wird ergehen; ist weitergezogen – zieht weiter, wird weiterziehen; wird werden – ist, ist gewesen; werden erreichen – erreichen, haben erreicht; wird bleiben – bleibt, ist geblieben; wird sorgen – sorgt, hat gesorgt; wird geben – gibt, hat gegeben; wird sich verabschieden – verabschiedet sich, hat sich verabschiedet; wird klettern – klettert, ist geklettert; wird wiederkehren – kehrt wieder, ist wiedergekehrt

Seite 74

2 (unterstrichener Teilsatz: Plusquamperfekt)
Tobias fand eine Flasche, die das Meer ans Ufer gespült hatte. ... Er atmete tief durch, als er es aus der Flasche gezogen hatte. Nachdem er das Papier sorgfältig aufgefaltet hatte, entdeckte er merkwürdige Schriftzeichen. ... „Kannst du das lesen?“, fragte er den alten Fischer, der ganz in der Nähe seinen Kahn festgemacht hatte. ... Vielleicht war es so, dass die Post von der Insel vor der Küste gekommen war. ... Und bald wusste er, dass das Boot in eine Strömung geraten war, die es von der Insel und von der Küste wegtrieb ...

3 Weil ich nichts gelernt hatte, bekam ich eine schlechte Note.
Weil sie nicht getankt hatte, ging sie zu Fuß.
Weil er etwas von Seeräubern gelesen hatte, träumte er nachts schlecht.
Weil sie das Zimmer aufgeräumt hatte, fand sie den Ring wieder.
Weil er eine Spinne gesehen hatte, schrie er laut.

Seite 75

4

Infinitiv	Präteritum	Plusquamperfekt
rennen	er rannte	er war gerannt
kriechen	sie kroch	sie war gekrochen
fressen	er fraß	er hatte gefressen
schmecken	es schmeckte	es hatte geschmeckt
rollen	es rollte	es war gerollt
sich kümmern	er kümmerte sich	er hatte sich gekümmert
hopsen	sie hopste	sie war gehopst

Seite 76

5 Manuel geriet mit seinem Boot in einen Sturm.
Manuel ist mit seinem Boot in einen Sturm geraten.

Das Boot kippte um.
Das Boot ist umgekippt.

Manuel schwamm hastig und schnell.
Manuel ist hastig und schnell geschwommen.

Neben ihm sprang ein dicker grauer Fisch.
Neben ihm ist ein dicker grauer Fisch gesprungen.

Manuel erschrak und verschluckte sich.
Manuel ist erschrocken und hat sich verschluckt.

Der Delfin trug Manuel sicher an Land.
Der Delfin hat Manuel sicher an Land getragen.

Seite 77

1 Die Frau hätte in einem Blumengeschäft anrufen müssen.

2 a) der Schimmel
b) der Ball
c) das Schloss
d) das Rezept
e) die Pfeife
f) der Hahn

3 die Note: 1. eine Zensur in der Schule; 2. in der Musik ein Zeichen für einen Ton;
die Bank: 1. man kann darauf sitzen; 2. ein Geldinstitut

Seite 78

1

Buchstabe		**Satzglied**
C	Die Brüder Montgolfier erfanden im 18. Jahrhundert den ersten Heißluftballon.	Akkusativobjekt
O	Wer senkrecht starten und landen will, benutzt einen Hubschrauber.	Akkusativobjekt
N	Die größte Flügelspannweite aller Vögel gehört dem Albatros.	Dativobjekt
C	Für den Urlaub an der Küste wünsche ich mir einen Lenkdrachen.	Akkusativobjekt
O	Graf von Zeppelin baute um 1900 am Bodensee das erste lenkbare Luftschiff.	Akkusativobjekt
R	Den Brüdern Wright gelang als Ersten ein Flug mit einem Motorflugzeug.	Dativobjekt
D	Otto Lilienthal widmete sein ganzes Leben dem Segelflug.	Dativobjekt
E	Manchmal sieht man nachts am Himmel einen Satelliten.	Akkusativobjekt

Seite 79 1

Subjekt	**Prädikat**	**Dativobjekt**	**Akkusativobjekt**	**Prädikat** 2. Teil
Sein Bruder	öffnete	ihm	die Tür.	
Ich	sage	ihnen	alles.	
Der Angeber	hat	mir	gar nichts	zu sagen.
Der Deutschlehrer	hat	Klaus	eine Zwei	versprochen.
Sie	gab	jedem	einen Pfannkuchen.	
Der Müller	hat	euch	die Arbeit	zurückgegeben.
Rafael	zeigte	ihnen	die Fünf.	
Seine Mutter	schenkte	ihm	ein Lächeln.	

Inhaltsverzeichnis

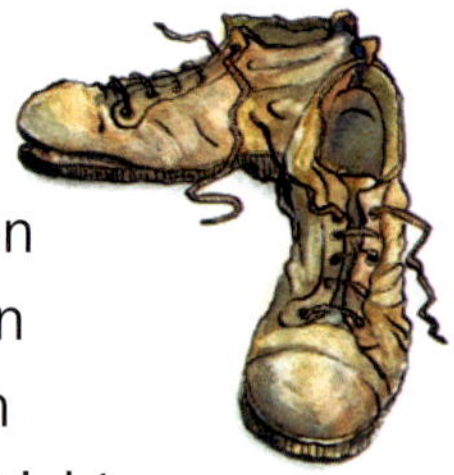

WORT

Arbeitstechniken

Einen Sachtext erschließen

In der Wetterküche der Erde

Die meisten von uns schauen morgens neugierig aus dem Fenster: Scheint die Sonne und ist der Himmel blau? Dann beginnen wir den Tag mit Lust und Laune. Dunkle Regenwolken dagegen drücken die Stimmung. Vom Wetter hängt vieles ab: wie wir uns kleiden und was wir in unserer Freizeit tun, was auf unseren Feldern wächst und wie wir unsere Häuser bauen. Auch unsere Gesundheit beeinflusst das Wetter: Wetterfühlige Menschen reagieren auf einen Wetterwechsel oft mit Kopfschmerzen und Müdigkeit. Im Herbst und Winter, wenn es draußen kalt ist, sind wir häufiger krank.

Blick auf die Wolkendecke der Erde aus der Internationalen Raumstation ISS am 2.12.2000. Über der Wolkenobergrenze ist das bläuliche Leuchten der oberen Atmosphäre sichtbar.

Sonne, Luft und Wasser machen gemeinsam das Wetter. Die Sonne schickt Licht und Wärme auf die Erde. Die Luft umgibt unseren Planeten wie eine schützende Hülle. Und auch Wasser finden wir überreichlich: in Meeren und Seen, in Flüssen und Bächen, in den Wolken und sogar in der Luft.
Die Lufthülle der Erde, die Atmosphäre, gliedert sich in mehrere Schichten oder Stockwerke.
Wir leben im untersten Stockwerk, der Troposphäre. Sie reicht bis in eine Höhe von etwa 12 Kilometern an den Polen und 17 Kilometern am Äquator. In der Troposphäre spielt sich fast alles ab, was wir Wetter nennen: Wind, Wolken, Regen, Nebel, Gewitter, Erwärmung, Abkühlung. Je weiter wir uns von der Erdoberfläche entfernen, desto dünner wird die Luft. Schon in etwa 7 bis 8 Kilometer Höhe müssen die meisten Bergsteiger Sauerstoffmasken tragen, um sich mit der nötigen Luft zum Atmen zu versorgen.
Das zweite Stockwerk, die Stratosphäre, reicht bis in eine Höhe von etwa 50 Kilometern. Nur in ihrem untersten Bereich treten noch Wolken auf. Troposphäre und Stratosphäre enthalten über 99 Prozent der Luftmasse der Atmosphäre.

1 Lies den Text genau durch. Welche drei Fragen beantwortet der Text? Schreibe sie in dein Heft.

2 Der Text lässt sich nach den drei Fragen in drei Abschnitte gliedern. Setze an das Ende jedes Abschnitts einen senkrechten Strich.

3 Erkläre folgende Begriffe des Sachtextes.
Versuche, sie erst aus dem Textzusammenhang zu erklären. Schlage dann im Lexikon nach.

Atmosphäre: ____________________

Wetter: ____________________

Troposphäre: ____________________

Stratosphäre: ____________________

Tipp

Denke dir Fragen zum Text aus. Das ist eine Hilfe, um den Text in sinnvolle Abschnitte zu gliedern.

4 Die Informationen des Textes lassen sich nach den folgenden drei Gliederungspunkten ordnen.
Schreibe jeweils eine Frage zum Gliederungspunkt dazu.

Die Bedeutung des Wetters für uns ____________________

____

____

Sonne, Luft und Wasser als Wettermacher ____________________

____

____

Wo das Wetter entsteht ____________________

____

____

Merke!

Sachtexte enthalten meist Informationen zu unterschiedlichen Punkten.
Durch **Fragen zum Text** und durch das **Formulieren von Überschriften** findest du leichter die Gliederungspunkte.

5 Formuliere zu den drei Abschnitten eigene Überschriften.

____

____

____

____

____

Mit Stichpunkten den Inhalt wiedergeben

Merke!
Wenn du beispielsweise für ein Referat den **Inhalt eines Textes** zusammenfassen willst, notiere dir nur **wenige Stichpunkte**.

1 a) Notiere zu den drei Gliederungspunkten des Sachtextes jeweils nur wenige Stichpunkte aus dem Text.

Die Bedeutung des Wetters für uns

____

____

Sonne, Luft und Wasser als Wettermacher

____

____

Wo das Wetter entsteht

____

____

b) Probiere mündlich aus, ob du nur mit Hilfe deiner Stichpunkte den wesentlichen Inhalt des Sachtextes wiedergeben kannst.
Du musst nicht jede Einzelheit aufgreifen.

2 Die folgenden Aussagen stehen sinngemäß auch im Text.

a) Unterstreiche die folgenden Sätze jeweils in einer anderen Farbe.

- Wenn das Wetter sich ändert, haben einige Menschen gesundheitliche Probleme.
- Das Wetter wird von Sonne, Luft und Wasser bestimmt.
- Die Lufthülle schützt unsere Erde.
- Unser Wetter entsteht in der Troposphäre.

b) Suche die passenden Textstellen und kennzeichne sie in der gleichen Farbe.

Einen schwierigen Text „entschlüsseln“

Computerspiele austricksen macht Spaß

Wer am Computer spielt, findet früher oder später seinen Meister. Entweder sind die elektronischen Gegner zu stark, es sind zu viele oder das gestellte Rätsel scheint unlösbar. Sosehr man sich auch anstrengt, die Hürde lässt sich nicht überwinden. In solchen Fällen wünscht man sich, den Computer beschummeln zu können und mit einem kleinen Trick über die schwierige Stelle hinwegzukommen. Tatsächlich haben alle Programmierer diesen Hilferuf vernommen und in vielen Sprachen stehen so genannte **Cheats** zur Verfügung. Cheats sind spezielle **Geheimcodes**, die nicht im Handbuch stehen und von den Entwicklern zu Testzwecken eingebaut wurden. Die Eingabe bestimmter Zeichen- und Zahlenkombinationen vor oder während des Spiels aktiviert diesen Schummelmodus. Jede **Spielsoftware** verfügt über eigene Befehle oder Abkürzungen, um unbegrenzt Spielpunkte (z.B. Zeit, „Leben“ oder „Geld“) zur Verfügung zu stellen. Manche Geheimcodes erlauben sogar, die kritischen Spielabschnitte einfach zu überspringen. Die neuesten Cheats werden regelmäßig in Büchern (Lösungsbüchern), Zeitschriften […] oder im **Internet** veröffentlicht.

1 a) Unterstreiche die folgenden Sätze jeweils in einer anderen Farbe.

- Bei manchen Computerspielen kommt man einfach nicht weiter.
- Man wäre froh, wenn es einen Trick gäbe, um Hürden zu überwinden.
- Um Spiele zu testen, entwickeln die Programmierer bestimmte Geheimcodes.
- Wenn man eine bestimmte Zeichen- und Zahlenkombination eingibt, kann man die Spielbedingungen verändern und „schummeln“.
- Die Cheats sind für jede Software anders.
- Die richtigen Zeichen- und Zahlenkombinationen für das Schummeln bei Spielen erfährt man in Fachzeitschriften, Büchern oder auch im Internet.

b) Suche die dazu passende Textstelle und markiere sie in der gleichen Farbe.

2 Die Bedeutung der fett gedruckten Begriffe kannst du aus dem Textzusammenhang erklären.

a) Lies noch einmal auf Seite 7 nach und ergänze die Erklärungen.

Cheats sind bestimmte Tricks, mit denen man ______________________________

____.

Ein **Geheimcode** ist eine ______________________________ von

Zeichen und ____________________, die nicht ____________________

____________________.

Spielsoftware sind Computerprogramme, in denen man Spielpunkte wie

____ sammelt.

b) Vergleiche mit dem Lösungsheft.

c) Das Wort „**Internet**“ begegnet heute jedermann auf Schritt und Tritt. Aber was ist das eigentlich?

Überlege erst, was du schon weißt. Schreibe auf, was du im Internet alles machen kannst.

____

____

____

____

____

Schlage die Bedeutung von „Internet“ in einem Lexikon nach. Schreibe eine verständliche Erklärung auf.

____

____

____

____

____

3 Die violett unterlegten Begriffe im Text auf Seite 7 sind Fremdwörter. Je nachdem, in welchem Satz sie gebraucht werden, können solche Wörter unterschiedliche Bedeutung haben.

Auch im Wörterbuch findest du verschiedene Erklärungen, z. B.:

speziell (Z. 8)
- besondere
- hauptsächlich
- ganz bestimmte

Modus (Z. 11)
- Art und Weise
- Möglichkeit
- Spielart

kritisch (Z. 13)
- gefährlich
- anspruchsvoll
- prüfend

a) Lies noch einmal den Satz, in dem das Wort verwendet wird. Unterstreiche dann erst die Umschreibung, die am besten passt.

b) Suche ebenso verschiedene Erklärungen für die beiden Wörter in Zeile 10 „**Kombinationen**“ und „**aktivieren**“. Benutze ein Wörterbuch. Entscheide wiederum, welche Erklärung am besten in den Textzusammenhang passt.

Merke!
Die **Bedeutung von schwierigen Wörtern** kann man oft aus dem Textzusammenhang erklären. Im Wörterbuch können unterschiedliche Worterklärungen stehen. Deshalb: Immer die Erklärungen in den Text einsetzen, um die richtige Bedeutung herauszufinden.

4 Welche Informationen zum Thema Computerspiele enthält der Text auf Seite 7? Du kannst diese Informationen in vier Sätzen zusammenfassen.

a) Teile dazu den Text in vier Abschnitte ein. Streiche dann alle unwichtigen Wörter. (Wegstreichprobe)

b) Schreibe zu jedem der unten angegebenen Hauptstichworte einen Satz, der das Wichtigste zusammenfasst.

Schwierigkeiten: ______________________________

____

Geheimcodes: ______________________________

Anwendung der Cheats: ______________________________

____

Informationsquellen: ______________________________

Einen Schwank erschließen

Wie Eulenspiegel sich zu Braunschweig als Bäckergeselle verdingte und wie er Eulen und Meerkatzen buk

Als Eulenspiegel nach Braunschweig zu der Bäckerherberge kam, da wohnte ein Bäcker nahe dabei. Der rief ihn in sein Haus und fragte ihn, was er für ein Geselle sei. Er sprach: „Ich bin ein Bäckergeselle." Der Brotbäcker sprach: „Ich habe eben keinen Gesellen. Willst du mir dienen?" Eulenspiegel sagte: „Ja."

Als er nun zwei Tage bei ihm gewesen war, hieß ihn der Bäcker, am Abend zu backen; denn er konnte ihm bis zum Morgen nicht helfen. Eulenspiegel sprach: „Ja, was soll ich denn backen?" Der Bäcker war ein scharfzüngiger Mann, er wurde zornig und sprach spottend: „Bist du ein Bäckergeselle und fragst erst, was du backen sollst? Was pflegt man denn zu backen? Eulen oder Meerkatzen!" Und damit legte er sich schlafen. Da ging Eulenspiegel in die Backstube und formte den Teig zu nichts als Eulen und Meerkatzen, die ganze Backstube voll, und buk sie.
Der Meister stand des Morgens auf und wollte ihm helfen. Und als er in die Backstube kam, fand er weder Wecken noch Semmeln, sondern lauter Eulen und Meerkatzen. Da wurde der Meister zornig und sprach: „Dass du das jähe Fieber kriegst! Was hast du da gebacken?" Eulenspiegel sprach: „Was Ihr mich geheißen habt: Eulen und Meerkatzen." Der Bäcker sprach: „Was soll ich nun mit diesem Narrenzeug tun? Solches Brot ist mir zu nichts nütze. Ich kann es nicht zu Geld machen." Und er packte Eulenspiegel beim Kragen und sprach: „Bezahl mir meinen Teig!" Eulenspiegel sprach: „Ja, wenn ich euch den Teig bezahle, soll dann die Ware mein sein, die davon gebacken ist?" Der Meister sprach: „Was frage ich nach solcher Ware? Eulen und Meerkatzen kann ich nicht für meinen Laden gebrauchen."
Also bezahlte Eulenspiegel dem Bäcker seinen Teig und nahm die gebackenen Eulen und Meerkatzen in einen Korb und trug sie aus dem Haus in die Herberge „Zum wilden Mann". Und Eulenspiegel dachte bei sich selbst: „Du hast oft gehört, man könnte keine so seltsamen Dinge nach Braunschweig bringen, dass man nicht Geld daraus löste." Und es war am Vortage des St.-Nikolaus-Abends. Da stellte sich Eulenspiegel mit seiner Ware vor die Kirche, verkaufte alle Eulen und Meerkatzen und löste viel mehr Geld daraus, als er dem Bäcker für den Teig gegeben hatte.
Das wurde dem Bäcker kundgetan. Den verdross das sehr, und er lief vor die St.-Nikolaus-Kirche und wollte von Eulenspiegel auch die Kosten für das Holz und für das Backen verlangen. Aber da war Eulenspiegel schon hinweg mit dem Geld und der Bäcker hatte das Nachsehen.

1 Lies den Schwank. Suche eine kürzere Überschrift zum Inhalt und schreibe sie auf.

____

2 Gliedere den Text in Abschnitte. Setze an das Ende jedes Abschnitts einen senkrechten Strich.

3 Erkläre folgende Wörter und Wendungen aus dem Text, die heute nicht mehr gebräuchlich sind.
Versuche erst, die Bedeutung mit Hilfe des Textes zu finden.
Schau dann im Lösungsteil nach.

… hieß ihn der Bäcker – ______________________

… und buk sie – ______________________

Dass du das jähe Fieber kriegst! – ______________________

____

… mit diesem Narrenzeug tun – ______________________

____

… dass man nicht Geld daraus löste – ______________________

____

… dem Bäcker kundgetan – ______________________

… verdross das sehr – ______________________

… der Bäcker hatte das Nachsehen – ______________________

____

4 Überprüfe, ob du den Inhalt des Textes verstanden hast.

a) Richtig (**r**) oder falsch (**f**)?

___ Dicht bei der Bäckerherberge wohnte der Bäcker.

___ Eulenspiegel wusste nicht, was er backen sollte.

___ Der Bäcker wollte für den nächsten Tag Eulen gebacken haben.

___ Eulenspiegel formte aus einem Teil des Teiges Eulen und Meerkatzen.

___ Der Bäcker wollte nicht, dass Eulenspiegel die Ware mitnimmt.

___ Eulenspiegel glaubte, ein gutes Geschäft in Braunschweig zu machen.

b) Stelle die falschen Aussagen richtig.

c) Vergleiche mit dem Lösungsheft.

5 Die folgenden Aussagen stehen sinngemäß auch im Text.

a) Unterstreiche die folgenden Sätze jeweils in einer anderen Farbe.

- Als Bäckergeselle weißt du nicht, was zu tun ist?
- Was du gebacken hast, kann ich nicht verkaufen.
- In Braunschweig kann man auch seltsame Sachen zu Geld machen.
- Eulenspiegel verkaufte seine gesamte Ware und machte sehr guten Gewinn.

b) Suche die dazu passende Textstelle und markiere sie in der gleichen Farbe.

6 Lies den Schwank noch einmal.
Fasse den Inhalt des Textes in drei oder vier Sätzen zusammen.

Erzählen

Texte mit einem Cluster planen

1 Lies den Anfang der folgenden Geschichte.

Benno Pludra

Es war einmal ein Paar Schuhe

Es war einmal ein Paar Schuhe, das wurde einem Jungen geschenkt. Er ging damit in den Regen, da wurden die Schuhe nass. Er ging damit in den Staub, da wurden die Schuhe schmutzig.

Regen und Staub, Schnee und Eis – der Junge trug die Schuhe jeden Tag.

Er trug sie über ein langes Jahr, dann wurden sie ihm zu klein.

Nun bekam die Schuhe sein Bruder.

Das Leder war nicht mehr so glatt, die Sohle war nicht mehr so dick, doch der Bruder trug die Schuhe wieder noch ein Jahr, dann wurden sie auch für ihn zu klein.

Nun bekam die Schuhe ein jüngerer Vetter.

Das Leder war schon gerissen, die Sohle hatte ein Loch, und der Vetter trug die Schuhe höchstens noch ein halbes Jahr, dann lugte vorn sein großer Zeh heraus.

2 Unterstreiche im Anfangsteil der Geschichte von Benno Pludra, wer die Schuhe getragen hat und wie die Schuhe aussahen.

3 Schreibe in einem Cluster in deinem Heft die Besitzer und das sich ändernde Aussehen der Schuhe auf. Bevor du den Originaltext weiterliest, denk dir eine eigene Fortsetzung der Erzählung aus.
Nutze die orangefarbenen Kreise des Clusters.

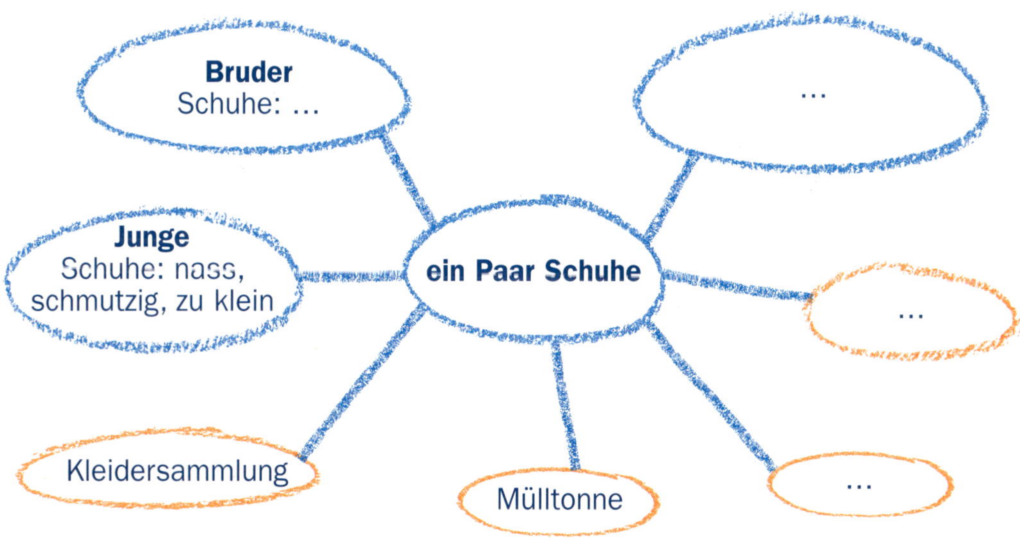

Einen Text mit einem roten Faden planen und schreiben

1 Notiere das Geschehen in Stichpunkten an diesem roten Faden entlang. Achte auf die Reihenfolge der Gedanken und beziehe deinen Cluster mit ein.

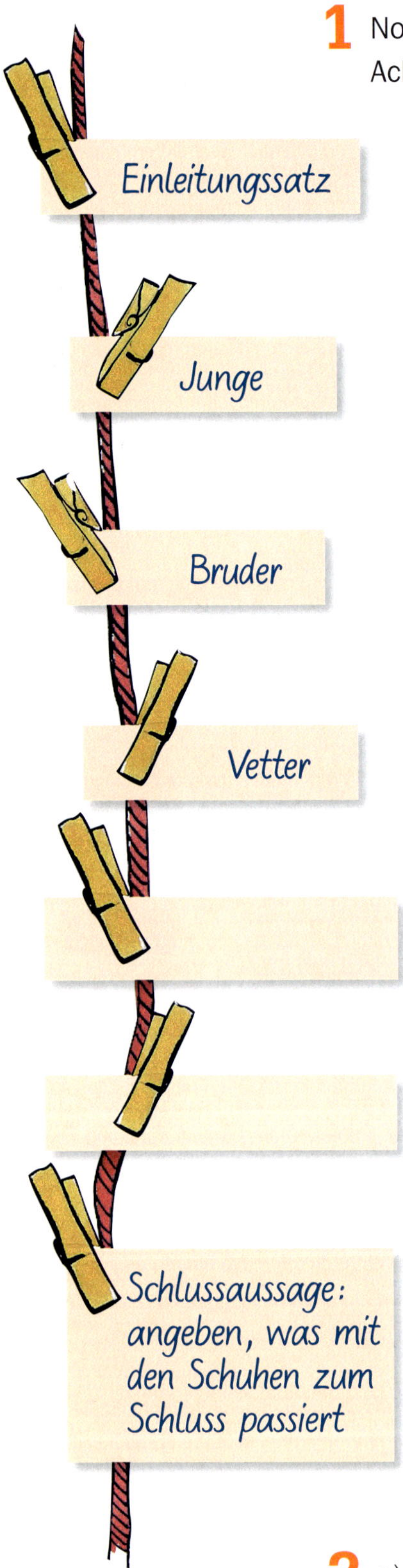

2 a) Schreibe deine Geschichte im Präteritum (Vergangenheit) in dein Heft. Den Inhalt bis zur vierten Klammer kannst du auch kürzer als im vorgegebenen Textausschnitt aufschreiben.
Lass für Korrekturen jeweils eine Zeile frei.

b) Wähle eine Überschrift, die neugierig macht.

Adjektive, Vergleiche und Wiederholungen verwenden

Durch die gezielte Verwendung von treffenden Adjektiven, Vergleichen und Wiederholungen wird das Erzählte für den Leser anschaulicher.

Merke!
Durch **zusammengesetzte Adjektive** kannst du eine Aussage noch deutlicher machen. Beispiele: *klitschnass, nasskalt, staubbedeckt, blitzblank*

1 Ergänze im Lückentext treffende Adjektive.

Als der Junge durch den Regen ging, da wurden die Schuhe ________________.

Er ging durch den Staub, da wurden die Schuhe ________________.

Als er sie längere Zeit getragen hatte, wurden sie ________________.

Der Bruder trug die Schuhe danach. Das Leder zeigte sich ________________.

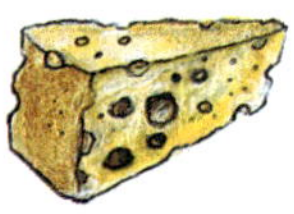

2 Suche für die folgenden Sätze passende Vergleiche.
Die Illustrationen helfen dir dabei.

Nach einiger Zeit war die Sohle so löchrig wie ________________.

Die Sohle war so dünn wie ________________.

Man warf die Schuhe weg. Da waren sie so dreckig wie ________________.

3 Wähle mögliche Wiederholungen aus der Wortliste aus und ergänze sie an den richtigen Stellen.

Der Junge ging mit den Schuhen in den Regen. Da wurden sie nass, ________

________________________________.

Der Junge trug die Schuhe jeden Tag, ________________

________________. Das Leder war schon gerissen, die Sohle hatte ein Loch,

____

________________. Die Maus wohnte darin ein ganzes Jahr und brachte Junge

________________. Welke Blätter fielen ________________

und deckten das Paar Schuhe zu. Von den Schuhen war nichts mehr zu sehn,

________________________.

das ganze Jahr
und fielen
jeden Tag von früh bis spät
ein großes Loch, noch größer als ein Loch im Käse
so nass wie eine Katze im Regen
klitschnass
fast überhaupt nichts mehr

4 Denk über die Bedeutung einer Wiederholung an einem Beispiel nach.
Die Maus wohnte darin ein ganzes Jahr und brachte Junge das ganze Jahr.

5 Überprüfe deine Geschichte, ob du an einigen Stellen Vergleiche oder Wiederholungen zur Verstärkung einer Aussage ergänzen kannst.
Ergänze auf den Korrekturzeilen, die du in deinem Text frei gelassen hast.

Die richtige Zeitform bilden

Merke!
Die meisten Erzählungen stehen im **Präteritum.**

1 Setze die folgenden Verben in das Präteritum (Vergangenheit). Schreibe sie zusammen mit einem Personalpronomen auf.

Infinitiv	Präteritum	Infinitiv	Präteritum
geben	*er gab*	wohnen	
tragen	*sie*	bringen	
verlieren		ausziehen	
werfen		ruhen	
kommen		gleiten	

2 a) Den zweiten Teil der Erzählung von Benno Pludra findest du hier als Lückentext. Ergänze ihn mündlich, indem du die Verben in Klammern im Präteritum einfügst.

Jetzt … (geben) man die Schuhe dem kleineren Bruder des Vetters. Sein großer Zeh war noch nicht so groß, er lugte vorne nicht heraus, und der Vettersbruder … (tragen) die Schuhe wieder jeden Tag.
Er … (tragen) sie aber höchstens noch ein Vierteljahr, dann … (verlieren) er links die Sohle, und rechts … (verlieren) er den Hacken.
Nun … (wegwerfen) man die Schuhe …, man … (werfen) sie auf ein Feld.
Eine Feldmaus … (kommen) und … (wohnen) darin.
Sie … (wohnen) darin ein ganzes Jahr und … (bringen) Junge das ganze Jahr, zuletzt … (wohnen) zwanzig Mäuse darin.
Die Mäuse … (ausziehen), die Schuhe waren allein, und ein Regenwurm … (kommen) und … (ruhen) zwei Tage, dann … (gleiten) er in die Erde hinein.
Ein Käfer … (kommen), ein Schmetterling … (kommen), und mehrmals … (kommen) kleine dicke Spinnen.

b) Schreibe dann den vollständigen Teiltext in dein Heft.

3 Lies den vollständigen Originaltext von Benno Pludra im Lösungsheft und vergleiche ihn mit deiner Erzählung (S. 14, Aufg. 2).

4 Erzähle die Geschichte aus der Sicht eines Schuhs.

Zusammen mit meinem Zwillingsbruder wurde ich …

5 Erzähle eine ähnliche Geschichte und schreibe sie auf. Suche dir von den folgenden Überschriften eine aus, zu der du einen Text schreiben möchtest.

Die Geschichte einer zerfetzten Hose | *Ein Paar Socken im Keller*
Ein alter Schal erzählt | *Eine Brille findet neue Freunde*

Tipp
Vergleiche zu diesem Thema auch die Schrankgeschichten auf S. 18.

Wörtliche Rede verwenden

Die beiden Schuhe landeten im Originaltext auf einem Feld. Eine Feldmaus entdeckte die abgetragenen Schuhe.
Nina schreibt eine Fortsetzung, in der die Tiere und die Schuhe sprechen können. Sie verwendet dazu die wörtliche Rede, um die Geschichte lebendiger zu gestalten.

1 Unterstreiche beim folgenden Gespräch zwischen der Feldmaus und den Schuhen nur die wörtliche Rede.

Die Feldmaus näherte sich ängstlich und neugierig den Schuhen und sprach: Was sehe ich da? Gestern lag hier nur die alte Dose.
Das siehst du doch antwortete ärgerlich einer der beiden Schuhe.
Ein Junge hat uns hier auf das Feld geworfen. Einfach weggeworfen!
Unglaublich! empörte sich die Feldmaus. Wirklich unglaublich!
Der Zwillingsbruder meldete sich lautstark zu Wort: Vor langer, langer Zeit wurden wir einem Jungen geschenkt. Er trug uns jeden Tag, über ein langes …
Halt! Halt! unterbrach ihn ungeduldig die Feldmaus. Erst einmal möchte ich euren Namen wissen. Als sie das sagte, bewegte sie den Kopf ruckartig hin und her.

Nina T.

2 Schreibe das Gespräch in dein Heft und setze die Zeichen der wörtlichen Rede richtig ein.

3 Unterstreiche in deinem Heft alle Ausdrücke, die Gefühle ausdrücken.

4 Schreibe die Fortsetzung des Gesprächs in dein Heft. Verwende auch Ausdrücke für Gefühle der Handlungsträger aus der Wortliste am Rand.

5 Schreibe ein ähnliches Gespräch zwischen den Schuhen und einem ihrer Bewohner auf. Überlege erst, aus welcher Sicht du erzählen willst. Einige Ideen findest du auf dem Tippzettel am Rand.

Merke!

Zeichensetzung bei der wörtlichen Rede
Die Feldmaus sprach: „Was sehe ich da?“
„Das siehst du doch“, antwortete ärgerlich ein Schuh.
„Unglaublich!“, empörte sich die Feldmaus.
„Halt! Halt!“, unterbrach ihn ungeduldig die Feldmaus. „Erst einmal …“

ärgerlich
empörte sich
ungeduldig
erfreut
erleichtert
erstaunt

Merke!

- Schreibe beim schriftlichen Erzählen im Präteritum.
- Wähle bei Erzählungen treffende Adjektive und Wörter, die Gefühle ausdrücken.
- Zusammengesetzte Ausdrücke können eine Aussage noch deutlicher machen.
- Wähle im Satz Wiederholungen zur Betonung von etwas Wichtigem.
- Viele Erzählungen werden durch wörtliche Rede ausdrucksvoller.

Tipp

Ein Gespräch zwischen den Schuhen und
- einer Feldmaus
- einem Regenwurm
- einem Käfer
- einer kleinen dicken Spinne

6 Überarbeite einen deiner Texte mit Hilfe dieser Empfehlungen.

Zu einer Überschrift Geschichten erzählen

Schrankgeschichten

Überschrift	Möglicher Geschichtenanfang
Ein Paar Socken im Keller	Schon seit 8 Tagen lagen sie einsam und unbeachtet direkt hinter der Waschmaschine. Sie waren frisch gewaschen ...
Pech gehabt	Als ich gestern Morgen aufwachte, erlebte ich schon gleich eine böse Überraschung ...
Auf dem Schulweg	Heute Morgen traf ich auf dem Schulweg Jan. Er war ziemlich aufgeregt und rief: ...
Unsichtbar	Laura und Anna probierten im Kaufhaus neue Hosen an. Laura nahm eine Jeans, zog sie an und stellte sich vor den Spiegel in der Kabine. ...
In der Stadt	Am Samstag wollte ich mich mit Luca und Leo um 12 Uhr auf dem Marktplatz treffen. ...
Der verlorene Schlüssel	Gestern kam ich sehr spät aus der Schule. Mit hungrigem Magen stand ich vor unserer Haustür und wollte sie öffnen. ...
Ein Tag als Käfer	Heute Nacht hatte ich einen seltsamen Traum. Ich war so klein wie ein ...
Glück gehabt	...
Das verhexte Handy	...

1 a) Wähle eine Überschrift.

b) Denk dir eine Geschichte aus und mache dazu Stichpunkte.

c) Schreibe mit Hilfe deiner Stichpunkte die Geschichte in dein Heft. Die Geschichtenanfänge in der rechten Spalte wähle nur, wenn dir kein Anfang für deine Geschichte einfällt.

Zu Reizwörtern eine Geschichte erzählen

Geschichten aus dem Koffer

	Person	Ort	Gegenstand
⚀	Junge	Kaufhaus	Handy
⚁	alte Frau	Sportplatz	Schlüssel
⚂	Eisverkäufer	Zoo	Geld
⚃	Bettler	Straßenkreuzung	Tasche
⚄	Mädchen	Parkplatz	ein Paar Schuhe
⚅	Clown	Marktplatz	Computer

1 Es gibt mehrere Möglichkeiten, Geschichten aus dem Koffer zu schreiben.

1. Möglichkeit:
Würfele mit einem Würfel dreimal.

- Mit dem ersten Wurf würfelst du eine Person für deine Geschichte.
  Beispiel: Du hast eine 6. Deine Hauptperson ist ein Clown.
  Du kannst dieser Person einen Namen geben.
- Mit dem zweiten Wurf würfelst du einen Ort.
  Beispiel: Wenn du eine 5 hast, ist der Ort ein Parkplatz.
- Mit dem dritten Wurf würfelst du einen wichtigen Gegenstand für deine Geschichte.
  Beispiel: Zeigt der Würfel eine 1, ist der Gegenstand ein Handy.

In deinem Text müssen also die für den Inhalt wichtigen Wörter (Reizwörter) *ein Clown, ein Parkplatz* und *ein Handy* vorkommen.

2. Möglichkeit:
Denk dir selbst Personen für deine Geschichte aus.
Würfele nur den Ort und den Gegenstand aus.

3. Möglichkeit:
Wähle selbst einen für deinen Inhalt wichtigen Ort aus.
Wähle mit dem Würfel eine Person und einen Gegenstand.

2 Suche dir eine der Möglichkeiten aus und schreibe eine Geschichte in dein Heft.

Kreativ mit literarischen Texten umgehen

Eine Fabel entschlüsseln

Äsop

Der Hase und die Schildkröte

Der Hase spottete über die Füße der Schildkröte und ihre Trägheit.

Die aber sagte: „Und doch werde ich dich, so schnell du auf den Beinen bist, besiegen." „Schildkröte, das sagst du nur so", erwiderte er, „komm, kämpfe, und du wirst schon sehen. Wer aber soll den Ort bestimmen und Kampfrichter sein?"

Der rechtschaffene, über alle Maßen kluge Fuchs bestimmte die Strecke für den Lauf in gerader Richtung.

Da begann die Schildkröte sogleich voll Sorge mit ihrem Marsch, denn sie war sich ihrer Schwerfälligkeit bewusst. Der Hase jedoch, im Vertrauen auf seine Füße, legte sich schlafen, und als er zu dem festgesetzten Ziel kam, sah er, dass die langsame Schildkröte gesiegt hatte.

1 a) Lies die Fabel und markiere die Ausdrücke, die du nicht verstehst.

b) Suche im Wörterbuch die Bedeutung dieser Wörter.
Suche gleichbedeutende Ausdrücke.

2 a) Unterstreiche in den folgenden sechs Zeilen die Ausdrücke, die gleichbedeutend mit den fett gedruckten Wörtern der Fabel sind.
In einer Zeile können es eine oder mehrere Möglichkeiten sein.

spottete	machte sich lustig	freute sich	ärgerte sich	bettelte
erwiderte	schrie	antwortete	stotterte	entgegnete
rechtschaffen	listig	ehrlich	verschlagen	aufrichtig
sogleich	nach einiger Zeit	eifrig	sofort	langsam
festgesetzt	bekannt	sichtbar	vereinbart	weit entfernt
über alle Maßen	maßvoll	besonders	bekanntlich	sehr

b) Setze einige gleichbedeutende Wörter in die Fabel ein und lies sie.

Der Hase machte sich über die Füße der Schildkröte und ihre Trägheit lustig.

3 Fasse den Inhalt der Fabel möglichst knapp im Heft zusammen.

4 Warum gewinnt die schwerfällige Schildkröte den Wettkampf?
Unterstreiche den entscheidenden Satz dazu im Text.
Gib die Zeile an, in der der Satz steht.

5 Ergänze die folgenden Sätze und schreibe sie in dein Heft.

Der Hase verlor den Wettkampf, weil ...
Die Schildkröte gewann, denn ...
Wenn der Hase nicht geschlafen hätte, dann ...
Als der Hase zum Ziel kam, war er überrascht, dass ...
Zum Schluss spottete der Hase nicht mehr, denn ...

Hinweise zum Text:

Der Text „Der Hase und die Schildkröte" nennt sich **Fabel.**
Diese Fabel hat drei Absätze. Zwei Absätze enthalten mehrere Sätze.
Die meisten Sätze gehen über das Zeilenende hinaus.
Einige von ihnen enthalten eine wörtliche Rede.

6 Lies die Fabel erst im Zusammenhang, dann Satz für Satz.
Mache nach jedem Komma und nach jedem Punkt eine kurze Pause.

7 a) Was sagt der Hase? Was sagt die Schildkröte? Markiere die wörtliche Rede von Hase und Schildkröte mit zwei verschiedenen Farben.

b) Probiere die wörtliche Rede durch unterschiedliche Betonungen aus.

c) Kennzeichne die Stellen, die du besonders betonen willst. Du kannst sie mit Bleistift unterstreichen.
Wer aber soll den Ort bestimmen und Kampfrichter sein?

d) Lies die wörtliche Rede mit Betonung. Wenn du einen Lesepartner hast, lest mit verteilten Rollen.

8 a) Kennzeichne in allen Sätzen der Fabel die Stellen, die du besonders betonen willst.

b) Lies die Fabel mit Betonung. Achte auf die Pausen nach dem Komma und dem Punkt.

9 a) Lies die Fabel aus der Sicht des Hasen oder der Schildkröte.
Ich spottete über die Füße der Schildkröte ...

b) Schreibe die Fabel aus dieser Sicht auf.

c) Kennzeichne im Heft die Stellen mit Bleistift, die du besonders betonen willst. Lies dann die Fabel mit Betonung.

Fabeln entschlüsseln und verändern

Nach Äsop

Der Ratz und die Woldrunge

Der Ratz spottete über die Füße der Woldrunge und ihre Trägheit.
Die aber sagte: „Und doch werde ich dich, so schnell du auf den Beinen bist, besiegen.“ „Woldrunge, das sagst du nur so“, erwiderte er, „ komm, kämpfe, und du wirst schon sehen. Wer aber soll den Ort bestimmen und Kampfrichter sein?“
Der rechtschaffene, über alle Maßen kluge Knust bestimmte die Strecke für den Lauf in gerader Richtung.
Da begann die Woldrunge sogleich voll Sorgen mit ihrem Marsch, denn sie war sich ihrer Schwerfälligkeit bewusst. Der Ratz jedoch, im Vertrauen auf seine Füße, legte sich schlafen, und als er zu dem festgesetzten Ziel kam, sah er, dass die langsame Woldrunge gesiegt hatte.

1 Wähle aus dem Angebot Lese- und Schreibaufgaben aus:

a) Lies die Fabel mit den verschlüsselten Namen.

b) Lies die Fabel mit richtigen Tiernamen, beispielsweise *Hund, Ente, Affe*. Überlege dir bei der Auswahl der Tiernamen, ob die Eigenschaften passen.

Der Hund spottete über die Füße der Ente und ihre Trägheit.

c) Schreibe die Fabel aus der Sicht eines Tieres auf.

d) Schreibe eine ähnliche Fabel auf. Wähle aus:

Der Hund und die Ente – Der Hase und der Igel –
Der Wolf und die Schnecke

Gotthold Ephraim Lessing

Der Wolf und das Schaf

Der Durst trieb ein Schaf an den Fluss, eine gleiche Ursache führte auf der andern Seite einen Wolf herzu. Durch die Trennung des Wassers gesichert und durch die Sicherheit höhnisch gemacht, rief das Schaf dem Räuber hinüber: „Ich machte dir doch das Wasser nicht trübe, Herr Wolf? Sieh mich recht an! Habe ich dir nicht etwa vor sechs Wochen nachgeschimpft? Wenigstens wird es mein Vater gewesen sein."
Der Wolf verstand die Spötterei, er betrachtete die Breite des Flusses und knirschte mit den Zähnen. „Es ist dein Glück", antwortete er, „dass wir Wölfe gewohnt sind, mit euch Schafen Geduld zu haben", und ging mit stolzen Schritten weiter.

____

____

2 a) Die unterstrichenen Textstellen sind in einer für dich ungewöhnlichen Sprache geschrieben. Ersetze sie so, dass es für dich verständlicher ist.

b) Schreibe die Fabel mit den ersetzten Stellen in dein Heft. Lies sie vor.

3 *Der Wolf knirschte mit den Zähnen* (Zeile 8). Ergänze die Gedanken des Wolfes und schreibe dazu die fehlenden Sätze oder Satzteile auf.

Er dachte: „ ______________________________

______________________________."

Der Wolf ärgerte sich, dass ______________________________.

Er betrachtete die Breite des Flusses und erkannte, dass ______________

______________________________.

Gern hätte er ______________________________

______________________________. Er ging mit stolzen Schritten weiter,

weil ______________________________.

4 a) Lies die Fabel einmal aus der Sicht des Schafes und dann aus der Sicht des Wolfes.

Der Durst trieb mich an den Fluss, eine gleiche Ursache führte auf der andern Seite einen Wolf herzu. ...

b) Schreibe auf den Schreiblinien unter der Fabel eine Schlussaussage auf, welche die Lehre der Fabel deutlich macht.

Tipp
Schreibe die Fabel zunächst aus der Sicht des Schafes und dann aus der Sicht des Wolfes auf.

Ein ähnliches Gedicht schreiben

An einem See

An einem ____________ ____________ See
stand eine ____________ ____________ Schule.
In dieser ____________ ____________ Schule
gab es eine ____________ ____________ Holztreppe.
Diese ____________ ____________ Holztreppe
führte zu einem ____________ ____________ Flur.
In diesem ____________ ____________ Flur
hing ein ____________ ____________ Bild.
Vor diesem ____________ ____________ Bild
lag ein ____________ ____________ Zeichenblock.
Diesen ____________ ____________ Zeichenblock
holte sich ein ____________ ____________ Mädchen.
Es setzte sich auf den Boden und ________________________.

1 a) Ergänze in jeder Zeile immer zwei Wörter.
Schreibe den letzten Satz zu Ende.

b) Fällt dir zu dem Gedicht eine Illustration ein? Zeichne sie auf.

2 Schreibe das vollständige Gedicht in dein Heft.

3 Schreibe ein ähnliches Gedicht mit dem gleichen Aufbau.

Auf einem Berg **In einer Stadt** **Auf dem Fußballplatz** **In einem Kaufhaus**

Ein Rondell schreiben

Merke!

Ein **Rondell** ist ein Text mit 8 Zeilen. Die zweite, vierte und siebente Zeile wiederholen sich. Die achte Zeile kann etwas für dich Besonderes enthalten. Ein Rondell kannst du zu einem Thema (z. B. Freundschaft), einem Gefühl, einer Stimmung oder einer Jahreszeit schreiben.

1 Lena hat ein Rondell zum Frühling geschrieben.

Frühling

Die Bäume bekommen wieder grüne Blätter.

Überall wächst und blüht es.

In unserem Garten wachsen knallrote Tulpen und Rosen in leuchtenden Farben.

Überall wächst und blüht es.

Der Löwenzahn taucht die Wiesen in kräftiges Gelb.

Das Wiesenschaumkraut gibt der Natur ein zartes, violettes Kleid.

Überall wächst und blüht es.

Ich öffne weit die Tür und laufe in den Frühling hinaus.

2 Schreibe ein Rondell. Wähle dir aus den Blütenblättern eine Überschrift aus oder denke dir selbst eine aus.
Beachte die oben aufgeführten Vorgaben für das Rondell.

Vorgänge beschreiben

Zuerst legst du ein DIN-A4-Blatt quer vor dich hin. Ziehe dann eine Linie von links nach rechts, sodass oben ein Rand von ca. 7 cm Breite entsteht. Bemale nun diesen Rand mit einem farbigen Hintergrund und Zauberzeichen (z. B. Sterne oder Zahlen). Jetzt ziehst du das Blatt quer (die bemalte Seite nach oben) ein paar Mal über eine Tischkante, sodass es sich leicht einrollt. Danach drehst du das Blatt um (quer, die bemalte Seite nach unten) und rollst es mit Hilfe eines Bleistiftes von unten nach oben auf. Wichtig dabei ist, dass du mit der unbemalten Seite beginnst und das Blatt gerade einrollst. Das Ende bestreichst du auf der Innenseite mit Klebstoff und drückst es an. Fertig ist der ____________________.

1 Was entsteht? Schreibe es auf.

2 Schreibe auf, was du zum Basteln alles brauchst.

Materialliste:

____

____

____

3 Wie bastelst du Schritt für Schritt?
Schreibe zu den einzelnen Bildern Stichpunkte auf.

Blatt bereitlegen
____

____
____

____
____

____
____

____
____

____
____

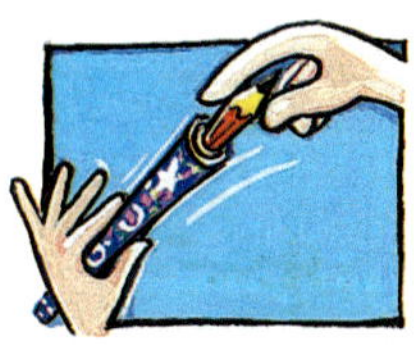

____
____

4 Markiere im Text Wörter, die eine Reihenfolge angeben (z. B. *zuerst, dann*).

Trick 1 ______________________

Zuerst gießt du

Dann

Jetzt

Nun

Zuletzt

Und siehe da:

Merke!
Wenn man Vorgänge beschreibt, verwendet man das **Präsens** (Gegenwartsform), z. B. *Du rollst …* *Man bemalt …* *Dann klebst du …*

1 Finde eine passende Überschrift.

2 Schreibe die Materialliste auf.

3 Beschreibe den Trick anhand der Bilder.

Trick 2 ______________________

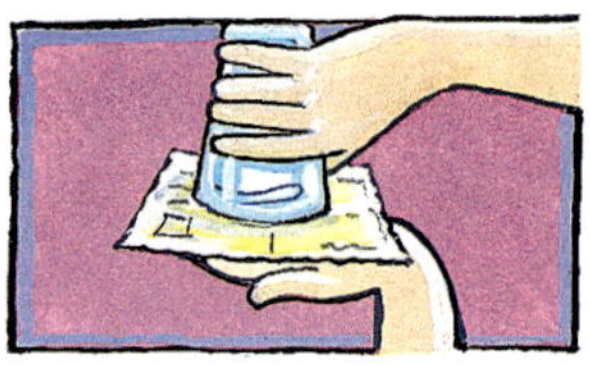

1 Schreibe eine passende Überschrift auf.

2 Stelle die Materialliste zusammen.

3 Notiere dir einige Stichpunkte neben jedem Bild.

4 Beschreibe in deinem Heft den Trick Schritt für Schritt. Achte dabei genau auf die Bilder.

Vorgänge beschreiben

Singender Kuchen

Du brauchst:

1 Tasse Butter
2 Tassen braunen Zucker
2 Riegel Blockschokolade
3 Eier
1 Tasse Rosinen
____
1 Teelöffel Nelkenpulver
4 Tassen Mehl
____
____
2 Teelöffel Backpulver
1 Tasse Buttermilch

Vorbereitungen:

Schokolade schmelzen
Eier __________
Mehl __________
Backpulver mit __________ __________
Eiweiße __________
Backform __________
Ofen auf _____ °C __________

__________ rührst du die Butter mit dem Zucker schaumig. Trenne die Eier in Eiweiß und Eigelb. Gib die Eigelbe in die Masse und rühre weiter. Schmelze die Schokolade (am besten im Wasserbad) und gib sie dazu. __________ rührst du eine Tasse Rosinen, zwei Teelöffel Zimt und das Nelkenpulver ein. __________ siebst du das Mehl und rührst es ebenfalls ein. __________ gibst du eine Tasse Erdbeermarmelade und eine Tasse gehackte Nüsse hinzu. Vermische das Backpulver mit der Buttermilch und rühre es schnell in den Teig. Schlage __________ die Eiweiße steif und hebe sie vorsichtig unter. __________ füllst du die Masse zügig in eine gebutterte Backform und stellst diese in den auf 180 °C vorgeheizten Ofen. Die Gäste sollten schon beim Backen dabei sein, da das Besondere am Kuchen die Geräusche sind, die er beim Backen macht. Um dies hören zu können, empfiehlt es sich, normal zu backen, da Heißluft zu laut sein könnte. Der Kuchen ist fertig, wenn er aufhört zu singen (ca. 45 min).

Tipp

Als Nächstes
Zuletzt
Nun
Zuerst
Jetzt
Dann

1 Lies das Rezept genau. Welche Zutaten fehlen auf der Einkaufsliste? Markiere sie blau im Text und ergänze sie mit den Mengenangaben auf der Liste.

2 Welche Tätigkeiten sollte man am besten schon vorbereiten? Markiere sie grün im Text und trage sie bei den Vorbereitungen ein.

3 Setze die Wörter aus dem Tippzettel in den Text ein.

4 Schreibe nach diesem Muster selbst ein Backrezept auf.

Sachverhalte wiedergeben

Ein Handout erstellen

Merke!

„Handout“ (*engl.* „ausgehändigt“) ist ein Blatt, auf dem das Wichtigste zusammengefasst wird, damit z. B. Zuhörer bei einem Referat nicht mitschreiben müssen. Zusammenfassungen zum besseren Lernen nennt man auch „Skript“.

Tipp

Ihr könnt auch ein Projekt zum Thema „Die Kelten“ durchführen. Die Texte und Aufgaben auf den folgenden Seiten helfen euch dabei.

Die Kelten

Zum ersten Mal erwähnt werden die Kelten im 6. Jh. v. Chr. Den Namen „Kelten“, genauer eigentlich „keltoi“, gaben ihnen die Griechen. Das bedeutet so viel wie „Die Erhabenen“ und „Die Tapferen“. Die Römer nannten sie später „celtae“ und „galli“, was uns ja bestens aus den Asterix-Heften bekannt sein dürfte – die Gallier.
So ganz genau kann man aber nicht sagen, wer sie waren. Sie hatten zwar nahezu die gleiche Sprache und viele kulturelle Gemeinsamkeiten, aber das war es dann schon. Es gab nie ein keltisches Reich oder einen keltischen Staat. Dafür gab es aber Stämme mit Fürsten bzw. Häuptlingen und in ihren Sagen ist auch von Königen die Rede. Diese Stämme waren untereinander nicht gerade selten zerstritten.
So dienten Kelten im Heer der Römer und im Heer der Karthager, als Hannibal mit den Elefanten die Alpen überschritt. Sie waren gern Söldner für jeden, der sie anständig bezahlte. Und darin verstanden sie keinen Spaß. So verloren die Karthager gegen die Römer, weil es den Römern gelang, den keltischen Söldnern mehr Gold anzubieten als die Karthager. Wer nicht ordentlich zahlte, hatte eben keine keltischen Söldner mehr. Allgemein galten sie als ein sehr trinkfreudiges und wohl auch kriegerisches Völkchen, das bei jeder Rauferei in der Antike gern dabei war, wenn dabei etwas Gold zu holen war. So jedenfalls steht es in den Überlieferungen der Griechen und Römer oft geschrieben.
Die Kelten trugen meist farbenfrohe Trachten aus Leinen und Fellen und die Römer waren erstaunt über deren Sauberkeitsfimmel. Selbst die Armen unter den Kelten achteten auf eine gepflegte Kleidung. Es gab keinen freien Kelten, der in Lumpen herumlief, anders als sonst in der antiken Welt. [...] Die Männer wuschen ihre Haare mit Kalk, sodass diese besser abstanden und etwas wilder aussahen. Die Briten malten sich sogar noch blaue Muster auf die Körper. Die Iren (Scoten) hatten karierte Muster auf ihren Umhängen. Die Umhänge wurden meist mit einer bronzenen Fibel ähnlich einer Sicherheitsnadel zusammengehalten.
Auch die Frauen waren recht ansehnlich gekleidet. Sie waren behängt mit Schmuck und als besonderes Zeichen galten der Fußreif und der Halsreif. Sie trugen geradezu die keltische Schmiedekunst, wo immer es ging, an der Kleidung, in den Haaren oder eben am Körper. Die römischen und griechischen Frauen beneideten die keltischen Frauen. [...] In Rom wurde es sogar zur Mode, wie die britannischen Frauen herumzulaufen, diese nämlich hatten bereits schon kleine Kosmetiktöpfchen und bemalten ihre Gesichter. Die Schönheit der keltischen Frauen hatte sich in der ganzen antiken Welt herumgesprochen.

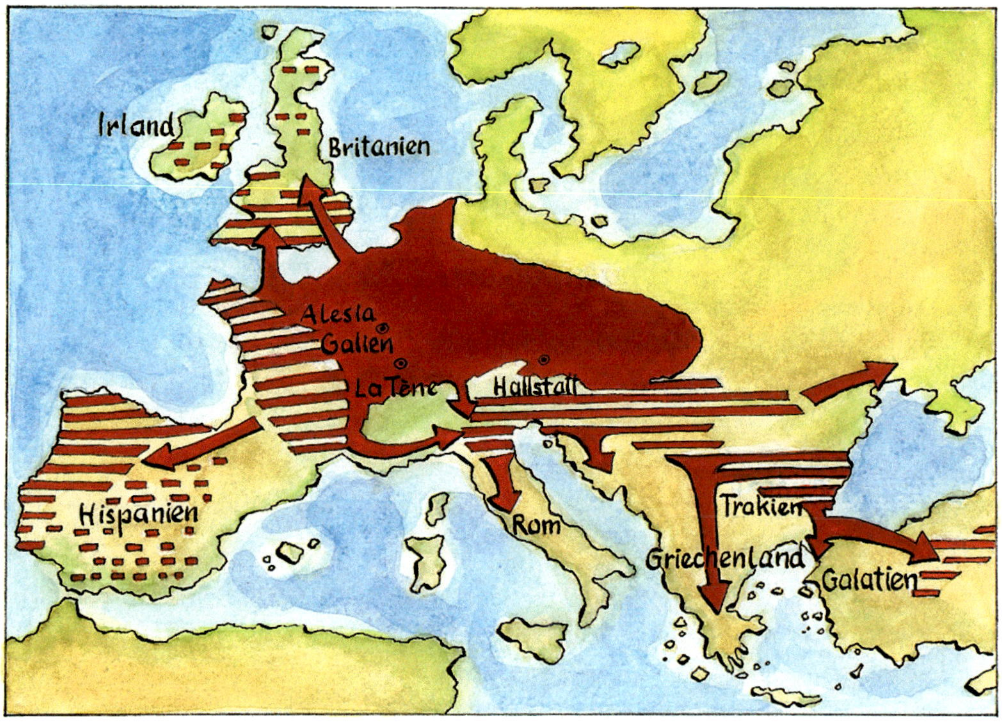

Tipp
Vergleiche die Karte mit deinem Atlas, um die heutigen Ländernamen herauszufinden.

Die Kelten

Die Druiden waren die Hüter der Religion. Sie waren hoch geachtet und besaßen nach dem Glauben der Kelten übernatürliche Kräfte: Sie konnten die Zukunft vorhersagen und sich und andere in Tiere verwandeln. Sie waren nicht nur Priester, sondern auch Richter, Lehrer und Heiler. Sie standen über allen anderen Menschen, Könige und Fürsten vielleicht ausgenommen. Die höchste Klasse dieser geistigen Elite waren die Priester. Unter ihnen standen die Wahrsager, die anhand von Zeichen die Zukunft vorhersagten. Die dritte Gruppe waren die Barden, die Dichter und Geschichtenerzähler zugleich waren.
Die Druiden konnten durch ihre Macht Kriege verhindern und feindliche Stämme versöhnen. Weil es keine schriftlichen Überlieferungen von den Druiden gibt, wissen wir über sie nur das, was die Römer, ihre Feinde, berichtet haben.

In keltischen Legenden ist viel von Helden und großen Schlachten die Rede, aber die meisten Kelten waren mit dem Anbau von Nahrung beschäftigt. Der Ackerbau ist von der Natur abhängig. Missernten oder Pflanzenkrankheiten führten gelegentlich zu Hungersnöten, aber [...] die Kelten waren sehr erfolgreiche Bauern. Sie erzeugten so viel, dass sie einen Teil der Erträge in andere Gegenden exportieren und auch diejenigen, die wie Adlige und Krieger, Handwerker und Priester keine Nahrung anbauten, mit versorgen konnten.
Aber zum Landleben gehörte mehr als nur der Ackerbau. Die Bauern mussten auch für die Bewässerung sorgen, Vorratsgruben ausheben, Zäune errichten und sich um die umliegenden Wälder kümmern, die ihnen Bau- und Feuerholz lieferten. Neben den Feldfrüchten ernährten sie sich auch durch Jagd und Fischfang.

Die Kelten waren vorzügliche Handwerker. Ihre besondere Stärke war die Verarbeitung von Metallen – anfangs von Bronze, später auch von Eisen. Da Gegenstände aus Metall haltbarer sind als solche aus Holz, Leder oder Stoff, wissen wir mehr über sie, aber zweifellos waren andere Handwerker wie Zimmerleute und Weber ebenfalls sehr geschickt. Gefunden wurden Kunstwerke aus Glas, aber auch Schmuckstücke aus Gold und Silber. Sie legten auch gut durchdachte Bergwerke an. Von spärlichen, in Mooren konservierten Resten wissen wir, dass sie lange Plankenwege bauten, auf denen sie mit ihren Karren und Wagen Sümpfe überquerten.

Vieles von dem, was wir über die Kelten wissen, beruht auf den Funden, die Archäologen in Gräbern und Gräberfeldern gemacht haben. Weil die Kelten an ein Leben nach dem Tod glaubten, gaben sie ihren Toten alles mit ins Grab, was diese im Jenseits brauchen würden – Schmuck, Waffen, Werkzeug, Kochgeschirr und sogar Speisen und Getränke. Bestattungen waren bei den Kelten große Ereignisse. Je wichtiger der Tote gewesen war, desto großartiger waren die mit einer Prozession und einem Festmahl verbundenen Zeremonien und desto größer war das Grab. Der Hügel über der Grabstätte eines großen Keltenfürsten hatte einen Durchmesser von 60 Metern.

1 Lies die Texte und markiere mit dem Bleistift dir unbekannte Wörter.

2 Schreibe die unbekannten Wörter heraus und erkläre, was sie bedeuten.

a) Einige unbekannte Wörter kannst du aus dem Text selbst erklären. Gib an, in welcher Zeile du das Wort gefunden hast.

Zeile 1 **Druiden:** keltischer Priester

Zeile 8 **Barden:**

b) Andere unbekannte Wörter musst du nachschlagen.

Karthager: Einwohner von Karthago, einer antiken Stadt in Nordafrika

3 Zu welchen Aspekten (Einzelthemen) geben die Texte und die Karte auf Seite 31 Auskunft? Schreibe die Themen neben die Textabschnitte. Nutze dazu auch die Vorschläge des Tippzettels.

Tipp
Lebensraum
Ernährung
Kleidung
usw.

4 Markiere nun mit einem bunten Stift in den Abschnitten die wichtigsten Informationen.
Als Beispiel ist dies in den ersten beiden Abschnitten des Textes auf Seite 30 schon erledigt.

5 Schreibe die markierten Informationen wie hier zum ersten Abschnitt in Stichpunkten auf. Benutze dein Heft oder ein Blatt.

Grundwissen
- Erste Erwähnung im 6. Jh. v. Chr.
- Name „Kelten" heißt „die Erhabenen" oder „die Tapferen"
- Römer nannten sie „Gallier" (bekannt aus „Asterix")
- kein keltisches Reich
- verschiedene Stämme mit Fürsten hatten gleiche Sprache und kulturelle Gemeinsamkeiten
- Stämme waren oft zerstritten
- Kelten waren trinkfreudiges, kriegerisches Volk, das für Geld kämpfte

6 Diese Informationen kannst du aus der Karte auf Seite 31 entnehmen.

WO SIE LEBTEN

Kerngebiet: In den heutigen Ländern ____________________

____

____

Ausbreitung in folgende heutige Länder: ____________________

____

____

Einzelne Vorstöße nach ____________________

____

____

7 Beschaffe dir nun Bildmaterial zum Thema. Suche dir in der Bibliothek ein Buch heraus, in dem du Informationen zu den Kelten findest. Kopiere passende Illustrationen, Karten, Tabellen oder Übersichten.

8 Erstelle nun dein Handout. Gestalte die Überschriften farbig und in entsprechender Größe, schreibe deine Stichpunkte dazu und klebe Bilder aus dem Internet oder eine Kopie der Karte oder der Illustrationen aus dem Arbeitsheft ein.

Tipp
Wenn ihr eure farbigen Originale der Handouts in einem Ordner sammelt oder zusammenheftet, entsteht euer eigenes Buch.

Ein Grab auf dem Feld

Oktober 2003. In dem kleinen abgelegenen Dorf Hohenpölz in der Fränkischen Schweiz entdeckt ein Landwirt unter einem großen Stein einen menschlichen Schädel. Sofort nimmt er Kontakt zum Bayerischen Landesamt für Denkmalpflege in Bamberg auf. Gleich machen sich die Archäologen auf den Weg, um in einer ersten Sichtung festzustellen, worum es sich bei der Entdeckung handelt. Der Schädel lässt die Wissenschaftler vermuten, dass sie vor einem früheisenzeitlichen Grab stehen. Da es nun bereits offen liegt und so in kurzer Zeit für die Forschung unbrauchbar wäre, beschließen die Fachleute eine baldige Grabung. Nachdem im Feld eine entsprechend große Fläche abgesteckt worden ist, kann die Arbeit beginnen. Dabei wird allerdings nicht einfach ein Loch gegraben, sondern man hebt die Erde zunächst nur bis zu einer Tiefe von ca. 40 cm aus, wo die ersten Teile des Grabes vermutet werden. Eine solche Grabungsebene wird als Planum bezeichnet. Vorsichtig wird die Erde zunächst mit einem Spaten, dann mit Spachtel und Pinsel entfernt, bis die obersten Steine der einstigen Grabkammer sauber und ordentlich frei liegen. Natürlich ist jeder gespannt darauf, was sich darunter befindet, aber Geduld ist nötig, denn jetzt muss alles erst einmal genau gezeichnet werden. [...] Dabei ist besondere Vorsicht angesagt, denn die Funde dürfen unter keinen Umständen durch Werkzeug oder gar Regen beschädigt werden.
Auf dem letzten Planum treten nun neben dem Skelett vielfältige Grabbeigaben zum Vorschein. Tongefäße, in denen den Toten Nahrung für das Leben nach dem Tod mitgegeben wurde. Aus einem der vom Gewicht der Erde flach gedrückten Gefäße ragt sogar ein Tierknochen hervor. Im Bereich des Skeletts finden sich eine verzierte Pinzette und ein Ohrlöffelchen aus Bronze. Am rechten Oberarm schaut ein weiterer feiner Gegenstand, wahrscheinlich ein Armreif, aus dem Boden, aber auch dieses Planum muss erst gezeichnet werden, bevor man weitergraben kann. Nach ca. 7 Wochen ist das Grab vollständig geräumt, die Arbeit aber noch lange nicht beendet. Im Labor werden die Funde gereinigt und noch genauer untersucht. Material und Verzierungen, aber auch die Art der Bestattung verraten das genaue Alter des Grabes: 2600 Jahre!
In ein paar Jahren kann der Grabfund von Hohenpölz dann in einem Museum von jedermann besichtigt werden.

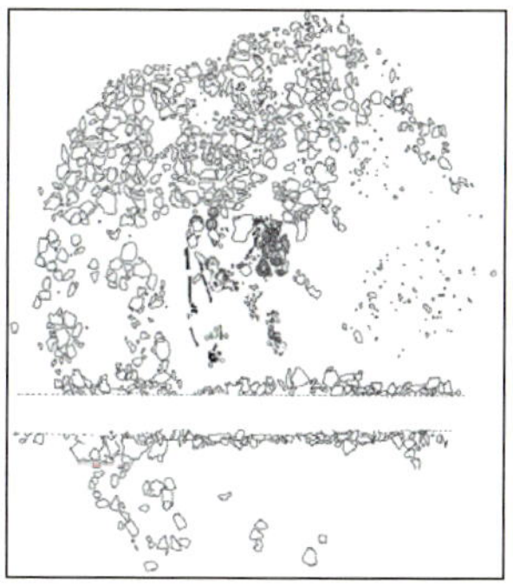
Zeichnung eines Planums

1 Unterstreiche dir unbekannte Wörter. Versuche, sie aus dem Text zu erklären, oder schlage sie nach. Schreibe die Worterklärungen in dein Heft.

2 Markiere im Text Informationen über die Arbeitsweise der Archäologen.

3 Welche Tätigkeiten führen die Archäologen aus? Notiere Stichpunkte.

4 Schreibe einen zusammenhängenden Text über Bestattungen bei den Kelten auf.

Berichten von Ereignissen

Notizen anfertigen

1 Für die Schülerzeitung soll ein Bericht über einen Museumsbesuch der 6b in Bad Königshofen entstehen.
Notiere Stichpunkte zu den einzelnen Bildern.

2 Welche beiden Bilder enthalten Informationen, die für den Bericht über den Museumsbesuch unwichtig sind? Klammere diese Bilder ein.

Im Präteritum schreiben

Merke!
Ein **Bericht** soll **kurz und genau** über ein Ereignis informieren. Es muss nicht jede Einzelheit berichtet werden.
Auch eigene Meinungen oder Vermutungen gehören nicht in den Bericht.
Er muss **sachlich** geschrieben werden.
Berichte werden im **Präteritum** geschrieben.

1 Setze die folgenden Wörter in die passende Form des Präteritums.

fahren : ich *fuhr*

vorstellen: du ______

zeigen: er/sie/es ______

sehen: sie (die Schüler) ______

erklären: wir ______

anschauen: ihr ______

anziehen: wir ______

verkleiden: sie (die Schüler) ______

besprechen: er/sie/es ______

erzählen: du ______

2 Setze die Sätze in das Präteritum (Vergangenheit).

Keltische Kinder gehen nicht zur Schule.

Keltische Kinder gingen nicht zur Schule.

Sie bleiben zu Hause und lernen von ihren Eltern alles, was sie wissen müssen.

______

______

Viele junge Männer verlassen ihr Elternhaus und werden Krieger.

______

______

Die Mädchen erledigen überwiegend die Hausarbeit.

______

______

Sicher spielen keltische Kinder auch, wenn es die Zeit erlaubt.

______

______

Einen Bericht verfassen

1 Beantworte die folgenden W-Fragen mit Hilfe deiner Notizen.

Wer besuchte das Keltenmuseum?

____

Wo befindet es sich?

____

Wie lange dauerte die Busfahrt?

____

Wer führte durch das Museum?

____

Was konnte man dort anschauen?

____

Schmuck der Kelten

Warum verkleideten sich die Schüler?

____

Wie werteten die Schüler ihre Ergebnisse aus?

____

Wie wollen die Schüler die Informationen weitergeben?

____

2 Schreibe nun den Bericht. Überlege dir eine passende Überschrift.

____

____

____

____

____

____

____

Tipp

Denke dir Fragen zum Text aus. Das ist eine Hilfe, um den Text in sinnvolle Abschnitte zu gliedern.

Am Freitag, 29. Oktober, gegen 13 Uhr, beobachtete ein Angestellter der Autobahnrastanlage Würzburg-Süd, wie ein Sprayer eine Wand vor dem Rasthaus mit Farbe besprühte. Der Täter fuhr mit einem Reisebus weiter. Die Polizei ermittelte schon bald den Bus mit Fußballfans aus Hessen, die in Richtung Nürnberg unterwegs waren. Ein 25-Jähriger aus dem Main-Kinzig-Kreis konnte als der Übeltäter ermittelt werden. Er hatte auf der Würzburger Rastanlage auch eine Telefonzelle und ein Transparent beschmiert. Gegen ihn wurde ein Strafverfahren eingeleitet. Der Sachschaden dürfte bei 2000 – 3000 Euro liegen. Aufgrund des langen Zwangsstopps entschieden sich die Fußballfans, ihre Fahrt nicht weiter fortzusetzen, sondern die Rückreise anzutreten.

Tipp

Was?
Wer?
Wann?
Wo?
...

1 Formuliere passende W-Fragen und markiere im Text, wo sie beantwortet werden. Nutze verschiedene Farben.

Wann wurde der Vorfall beobachtet?

2 Welche W-Frage wird nicht beantwortet?

3 Welche Überschrift passt am besten? Unterstreiche sie.

Die Reise der Fußballfans

Polizei nimmt 25-jährigen Sprayer fest

Ein teurer Spaß

Farbterror am Rasthof

Einmal Würzburg und zurück

4 Erfinde und gestalte eine reißerische Überschrift für die erste Seite einer Zeitung.

Einen Zeitungsbericht schreiben

Die folgenden Notizen für einen Zeitungsbericht sind durcheinandergeraten.

1 Lies die Notizen.

☐ Das fünfjährige Mädchen kletterte auf die Fensterbank, verlor das Gleichgewicht und stürzte hinaus.

☐ Am 25. Juli 2003

☐ Die Mutter erlitt einen Armbruch und wurde ins Krankenhaus gebracht.

☐ Die Mutter breitete geistesgegenwärtig die Arme aus und fing ihr Kind auf.

☐ Das Kind fiel fünf Stockwerke tief.

☐ Das Mädchen trug nur kleinere Schrammen davon.

☐ Die Mutter unterhielt sich vor dem Haus mit einer Nachbarin.

☐ In der Provinz Shandong im Osten Chinas

2 a) Nummeriere die Notizen in einer sinnvollen Reihenfolge.
Beachte dabei die W-Fragen.

b) Schreibe eine passende Überschrift auf die oberste Schreiblinie.

c) Schreibe danach den vollständigen Zeitungsbericht.

Meinungen und Anliegen darlegen

1 Tom will seiner Freundin Claudia einen Brief schreiben. Welche Aussagen seiner Mitschüler kann er dabei nicht verwenden, wenn der Brief Claudia helfen soll? Streiche die betreffenden Sprechblasen durch.

Sollte man sich tätowieren lassen?

+	–
Es sieht toll aus.	*Tätowieren ist schmerzhaft.*
	Tätowieren kann gefährlich sein.
	Man hat die Tätowierungen sein Leben lang.
	Tätowieren ist teuer.

Meiner Meinung nach solltest du dich nicht tätowieren lassen, weil es viele Nachteile hat.
Eine Tätowierung wird mit einer Nadel in die Haut gestochen und ist sehr schmerzhaft.
__________ kann es gefährlich sein, __________ die Nadel Nerven verletzen kann.
__________ hat man eine Tätowierung ein Leben lang.
Das kann zum Problem werden, __________ es sicher irgendwann unmodern wird oder du selbst das Bild nicht mehr magst.

Einleitung

Begründung

Argument

weil
da
zudem
aber
auch
denn
darüber hinaus
außerdem

2 Verbinde die Sätze mit passenden Wörtern aus der Wortliste in der Randspalte.

3 Schreibe weitere Möglichkeiten auf, den Text zu beginnen.

____

____

____

____

____

____

____

____

____

____

____

Tipp

Ich bin der Meinung, dass ...
Ich würde vorschlagen, ...

4 Markiere auch die anderen Argumente und deren Begründung in Toms Text mit verschiedenen Farben.

5 Tom hat drei Argumente aufgeschrieben, warum er gegen Tätowierungen ist. Formuliere nun selbst ein weiteres Argument mit Begründung. Du kannst auch das Argument von Toms Notizzettel auf Seite 42 verwenden. Beginne mit einem passenden Wort aus der Wortliste auf Seite 43.

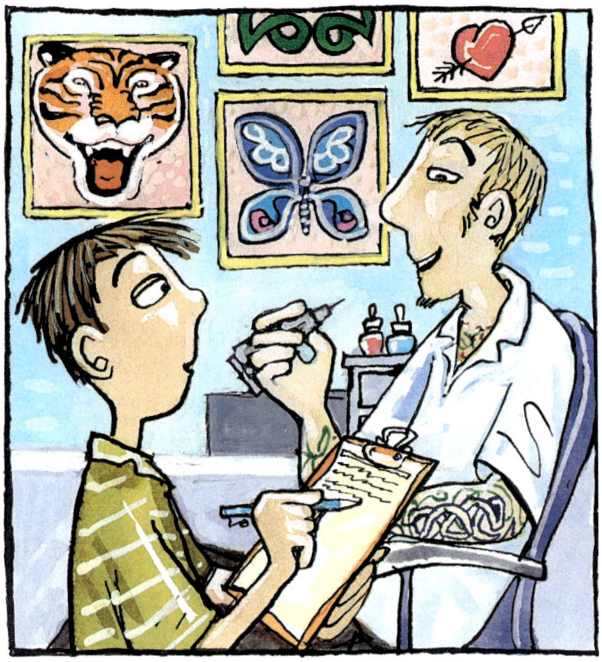

6 Tom hat sich erkundigt, was man an Stelle einer Tätowierung machen könnte, um die Nachteile zu vermeiden.
Schreibe dies als Vorschlag an das Ende des Briefes.

Bemalung mit Naturfarben
- nicht gestochen, sondern gemalt
- hält 3–5 Wochen
- billiger

Ich habe mich für dich erkundigt und hätte einen Vorschlag:

Du könntest

7 Erstelle deine eigene Liste mit Vor- und Nachteilen von Tätowierungen.

8 Schreibe nun selbst einen Text, in dem du deine Meinung begründest.

Kaugummikauen im Unterricht

1 Hast du auch noch Argumente? Trage sie in die leeren Sprechblasen ein.

2 Die Lehrer haben sich gegen das Kaugummikauen ausgesprochen.

a) Markiere Argumente und Begründungen mit unterschiedlichen Farben.

b) Schreibe dann den Text für die Schüler.

Wir sind der Meinung, dass Kaugummikauen im Unterricht verboten werden sollte, weil es viele Nachteile hat.
Es ist unappetitlich, weil man anderen Menschen ständig beim Kauen zusehen muss. Außerdem stört das laute Schmatzen den Unterricht. Erst gestern haben alle gelacht, als ein Mitschüler eine riesige Blase platzen ließ. Dazu kommt, dass man Schüler, die Kaugummi kauen, fast nicht versteht, weil sie so undeutlich sprechen. Besonders ärgerlich ist aber die Verschmutzung der Möbel, weil die Kaugummis oft heimlich entsorgt werden. Die Reinigung kann niemandem zugemutet werden. Sogar die Verpackungen landen nur selten im Papierkorb, sondern meist auf dem Boden. Es ist daher wohl nicht zu viel verlangt, das Kauen auf die Freizeit zu verlagern.

3 Schreibe deine Meinung zum Thema „Handy in der Schule" auf. Führe Argumente und Begründungen an.

Richtig schreiben

Großschreibung von Nomen

1 Welche Wörter sind Nomen? Füge einen Artikel hinzu und schreibe sie auf.

HÖHLE TEMPERATUR LANGE VIELE UNGEFÄHR
GEGEND BEHAUSUNG DORT HEUTE MENSCH
DUNKEL GEHEIMNISVOLL VERFOLGUNG TEIL SORGT

die Höhle, ______________________________

____

____

Merke!
Nomen haben oft einen bestimmten oder einen unbestimmten **Artikel**.
Artikelprobe: *die Verfolgung, ein Unterschied*
Vor den Nomen kann ein **Pronomen** oder ein **Zahlwort** (z. B. *diese, dein, manche, einige*) stehen: *diese Verfolgung, drei Unterschiede.*
Nomen können im Singular oder im Plural stehen.
Pluralprobe: *der Unterschied – die Unterschiede*

2 Schreibe die Nomen aus Aufgabe 1 im Plural mit einem Artikel und dann mit einem Pronomen oder Zahlwort in dein Heft.

die Höhlen, einige Höhlen

Merke!
Zwischen dem Artikel und dem Nomen kann ein Adjektiv stehen. Das Adjektiv gehört zu einem Nomen.

3 Unterstreiche in den folgenden Wortgruppen die Adjektive.

die dunkle Höhle, die geheimnisvolle Höhle, die feuchte Höhle, das schlechte Wetter, die dunkle Behausung, das warme Gestein, das feuchte Gestein, die feuchte Luft

4 Unterstreiche im folgenden Text die Adjektive, die vor den Nomen stehen. Ordne danach die Adjektive richtig den Nomen zu und schreibe die Wortgruppen auf.

Früher suchten die Menschen in Höhlen einen schlechten Unterschlupf, Schutz vor feindlichen Verfolgern oder Sicherheit vor sicherem Wetter. Auch heute noch leben Menschen in zahlreichen Gegenden der Welt in wertvollen und geheimnisvollen Höhlen. Forscher suchen in Höhlen urzeitliche Tiere und seltene Pflanzen. Sie interessieren sich für lichtscheue Behausungen.

ein sicherer Unterschlupf

Nomen an bestimmten Endungen erkennen

1 Schreibe die nebenstehenden Wörter mit den dazugehörigen Nomen auf.

abstimmen – die Abstimmung,

2 Wähle vier Nomen aus Aufgabe 1 aus und schreibe mit ihnen Sätze auf.

Merke!
Die Endungen *-heit, -keit, -ung, -nis* weisen auf ein Nomen hin.

abstimmen
achten
ausbilden
bescheiden
bestellen
bewegen
blind
dumm
entdecken
frech
freundlich
geheim
hindern
klug
möglich
notwendig
schön
sicher
traurig
überraschen

Aus Verben werden Nomen

Das Wandern am See oder am Fluss macht Freude.
Das Lesen von Gebrauchsanweisungen finde ich langweilig.
Das Rauchen ist für alle Menschen sehr schädlich.
Das Wegwerfen von Abfall auf dem Schulhof sollte strenger bestraft werden.
Das Spülen und das Abtrocknen zu Hause ist nichts für mich.
Beim Arbeiten am Computer vergesse ich oft die Zeit.
Zum Lesen habe ich im Sommer wenig Zeit.

1 Was meinst du? Schreibe alle Sätze in dein Heft, bei denen du gleicher Meinung bist.

2 Ändere die Sätze, bei denen du anderer Meinung bist. Die unterstrichenen Wörter verändere nicht. Schreibe die Sätze in dein Heft.

Das Wandern am See oder am Fluss finde ich langweilig.

Merke!
Wenn ein **Artikel** vor einem Verb in der Grundform steht, so wird das Verb zu einem Nomen. Auch nach einem mit einer Präposition verschmolzenen Artikel (*beim – bei dem; zum – zu dem*) wird das Verb zu einem Nomen.

Aus Adjektiven werden Nomen

Merke!
Adjektive schreibt man groß, wenn sie mit einem **Artikel** verwendet werden. Adjektive werden auch großgeschrieben, wenn sie mit den unbestimmten **Zahlwörtern** *alles, einiges, etwas, nichts, viel* und *wenig* verwendet werden.

1 Ergänze die Sätze mit den passenden Wörtern.
Schreibe sie danach in dein Heft.

die Schnellste | die Kleinen | das Interessanteste | das Rot | die Größten

________________ steht dir meiner Meinung nach sehr gut.

Nina ist beim Sportfest ________________ aus unserer Klasse gewesen.

Bei den Tieren werden schon mal ________________ von den Großen gefressen.

Maike und Leon sind ________________ aus der Klasse 6 b.

Beim Museumsbesuch sahen wir ________________ erst zum Schluss.

2 Forme die folgenden Sätze so um, dass aus Adjektiven Nomen werden.

Beim Museumsbesuch entdeckten wir viel, was für uns interessant war.

Beim Museumsbesuch entdeckten wir viel Interessantes.

Wir sahen nichts, was langweilig war.

____

Mir wurde wenig gezeigt, was unverständlich war.

____

Der Film zeigt einiges, was erstaunlich ist, und manches, was überraschend ist.

____

____

Alles, was gut ist, habe ich schon gesagt.

____

Zeichensetzung bei wörtlicher Rede

Pausengespräch

Nina trifft Anna auf dem Schulhof.
Sie ruft ihr freudig zu: „Ich habe in den Ferien einen Hamster bekommen."
Neugierig fragt Anna: „Wie heißt er denn?" „Er heißt Hugo", antwortet Nina.

Hugo , kichert Anna, das ist aber ein lustiger Name.

Hm! Find ich auch , meint Nina.

Anna fragt: Wie groß ist er denn?

Wie eine kleine Maus , lacht Nina.

Anna fragt: Hast du ihn in deinem Zimmer?

Ja! Aber ich darf ihn nicht frei laufen lassen , entgegnet Nina.

Sie fügt hinzu: Manchmal mach ich es aber doch. Willst du ihn mal sehen?

Gern , antwortet Anna, ich habe heute Zeit.

Freudig ruft Nina: Toll! Du kannst heute Nachmittag kommen.

1 Ergänze im zweiten Abschnitt des Pausengesprächs die Anführungszeichen.

2 Schreibe das Pausengespräch in dein Heft.

> Merke!
> Vor der **wörtlichen Rede** steht unten ein Anführungszeichen. Hinter der wörtlichen Rede steht oben ein Anführungszeichen. Der **Redebegleitsatz** kann vor, innerhalb oder nach der wörtlichen Rede stehen.

Fremdwörter

1 Lies die folgenden Fremdwörter. Schlage einige Wörter im Wörterbuch nach. Schreibe sie mit der Erklärung in dein Heft.

Portmonee – Trolley – Scanner – joggen – Homepage – Inliner – T-Shirt
Techno – cool – Wellness – Rhythmus – Sound – Internet – Volleyball
surfen – Shorts – Discjockey – Laser – Design – Creme – Bandleader
Boots – Talkshow – Explorer – kopieren – Training – Operation – Prozent
programmieren – Display – Mountainbike – Team – CD-Player – Jeans

Portmonee – Geldtasche

2 Ordne die Fremdwörter den vier folgenden Wortfeldern zu: *Sport, Musik, Kleidung, Computertechnik.* Schreibe die Wortfelder in dein Heft.
Die übrig gebliebenen Wörter schreibe unter „Sonstiges" auf.

> Merke!
> **Fremdwörter** sind aus anderen Sprachen in die deutsche Sprache übernommen worden. Schreibweise und Aussprache sind oft anders als bei deutschen Wörtern.

Wörter mit Dehnungs-h

Rahmen	rammen
Stahl	Stall
stehlen	stellen
fühlen	füllen
Wahl	Wall

Merke!
Nach einem **lang gesprochenen Vokal** folgt manchmal ein *-h*, das man nicht hören kann.

1 Sprich die ähnlichen Wörter aus der Wortliste in der Randspalte.
Wie unterscheiden sie sich beim Sprechen?
Wie unterscheiden sie sich beim Schreiben?

2 Schreibe die Wörter mit lang gesprochenem Vokal nach Lauten auf.

R · ah · m · e · n

3 Lies die folgenden Wörter mit Dehnungs-*h* aus einer Wörtersammlung von Schülerinnen und Schülern des 6. Schuljahrs. Ergänze sie mit einigen Wörtern aus deiner Wörtersammlung.
Schreibe alle Wörter als Wortliste in alphabetischer Reihenfolge in dein Heft.

der Stuhl	die Uhr	der Verkehr	wahr	während	wahrscheinlich
wohl	wohnen	die Zahl	zahlen	zählen	der Zahn
zehn	sah	der Sohn	allmählich	dehnen	ihm
ihn	ihnen	ihr	ihrem	das Jahr	lehren
der Lehrer	die Lehrerin	angenehm	ähnlich	die Bahn	der Bahnhof
befehlen	erzählen	die Erzählung	fahren	der Fahrer	die Fahrerin

Wörter verlängern

Merke!
Manche Laute kannst du am Wortende nicht eindeutig hören: *d/t, g/k, b/p.*
Eine Hilfe ist das **Verlängern des Wortes**. Jetzt hörst du die Laute deutlich.

1 Nomen: Verlängere das Wort, indem du den Plural bildest.

der Vorgan ☐ – *die Vorgänge, der Vorgang*
das Lan ☐ – *die* ____
der Ta ☐ – *die* ____
die Gegen ☐ – ____
das Sie ☐ – ____
der Kor ☐ – ____
das Zel ☐ – ____

2 Verben: Schreibe die Verben in der wir-Form oder im Infinitiv auf.
Ergänze dann den fehlenden Buchstaben der Verben in der Kurzform.

es erhäl t – erhalten

es wir d – werden

er la ___ im Bett – wir ______

sie schrie ___ einen Brief – wir ______

er fan ___ den Brief – ______

er ga ___ – ______

sie stan ___ – wir ______

er blie ___ lange – ______

3 Adjektive: Ordne die Adjektive einem Nomen zu und schreibe sie auf.
Ergänze dann die fehlenden Buchstaben.

vernünftig – ein vernünftiger Junge

gel ___ – das ______ Gras   feuch ___ – die ______ Felder

kran ___ – die ______ Kinder   run ___ – die ______ Decke

Langvokal ohne Dehnungs-h

1 Ordne die Wörter des Wortgitters nach Wortfamilien. Vor Nomen setze einen Begleiter. Schreibe sie in dein Heft und unterstreiche den Langvokal.

sparen, sparsam, der Sparer, gespart

sparen	Kranführer	klarkommen	Kronen	spuken
überkront	gespukt	Sparer	Tage	klar
sparsam	Spukschloss	klarlegen	Spuk	Kran
Tag	betagt	Torbalken	Tor	Qualen
gespart	torlos	qualvoll	Krone	Qual

Merke!
Steht vor dem Langvokal ein *t*, ein *kr*, ein *qu* oder *sp* und auch ein *kl*, das ist doch klar, steht nach ihm kein Dehnungs-*h*.

Zeichensetzung bei Aufzählungen

Merke!

Kommas setzt man zwischen Wörtern und Wortgruppen, mit denen etwas **aufgezählt** wird. Man setzt kein Komma, wenn zwischen den aufgezählten Wörtern *und* beziehungsweise *oder* steht.

Salatherzen mit Rührei

Zutaten für 2 Personen:

2 Kopfsalate, ½ Bund glatte Petersilie, 1 EL Essig, Salz, Pfeffer,
2 EL Öl, 100 g durchwachsener Speck, 3 Eier, 15 g Butter oder Margarine,
1 EL Schnittlauch

Zubereitung:

- Die äußeren Blätter der Salatköpfe entfernen, die Salatherzen waschen und gut abtropfen lassen.

1 Lies die vier weiteren Schritte für die Zubereitung von Salatherzen mit Rührei. Ergänze farbig die fehlenden acht Kommas.

- Die äußeren Blätter der Salatköpfe entfernen die Salatherzen waschen und gut abtropfen lassen. Die Blätter etwas auseinanderdrücken und die Salatherzen auf 2 Teller verteilen.
- Petersilie fein hacken mit Essig Salz Pfeffer und Öl zu einer Salatsauce verrühren Sauce über die Salatherzen verteilen.
- Speck würfeln und in der Pfanne knusprig braten.
- Eier mit 3 EL Wasser und etwas Salz verquirlen die Butter oder Margarine in einer Pfanne zerlassen. Die Eiermasse hineingießen langsam stocken lassen und dabei mit dem Pfannenwender vorsichtig von außen nach innen zusammenschieben.
- Das Rührei in 2 Portionen teilen und auf den Salatherzen anrichten die Speckwürfel und die Schnittlauchröllchen darüberstreuen.

2 Ergänze farbig die fehlenden sieben Kommas bei der Aufzählung von Nomen.

- Kopfsalate Petersilie Margarine oder Butter Schnittlauch Essig Salz Öl durchwachsener Speck und Eier

3 Ergänze farbig die fehlenden sechs Kommas bei der Aufzählung von Verben. Schreibe die Anweisungen dann in dein Heft.

- Beim Salat muss man die äußeren Blätter entfernen die Salatherzen waschen abtropfen lassen die Salatblätter auseinanderdrücken und die Salatherzen auf 2 Teller verteilen.
- Die Petersilie fein hacken mit Essig verrühren mit Salz verrühren Pfeffer einstreuen und die Mischung mit Öl zu einer Salatsauce anrühren.

4 Schreibe mit den folgenden Wörtern drei Sätze mit Aufzählungen. Unterstreiche farbig die Kommas bei der Aufzählung von Adjektiven.

Salat	frisch	knackig	fest	preiswert		
Äpfel	sauer	süß	fest	weich	aromatisch	billig
Brot	knusprig	frisch gebacken	preiswert			

5 Wähle selbst ein Rezept aus und schreibe die Vorgehensweise auf. Unterstreiche alle Kommas bei Aufzählungen farbig.

die äußeren Blätter des Salats entfernen, die Salatherzen waschen, abtropfen lassen, …

Zeichensetzung bei Sätzen mit wenn und weil

		Verb	Komma	Verb	
Wenn	ich Zwiebeln	schneiden	,	tränen	oft mein Magen vor Hunger.
	ich Salat	kaufen	,	achten	sie mit einem Pfannenwender.
	sie Rührei	machen	,	rühren	ich auf welke Blätter.
	es Abend	werden	,	knurren	meine Augen.
					ich auf Sonderangebote.
Weil	uns Zutaten	fehlen	,	kochen	ihre Freunde gern zu Besuch.
	wir gesund	leben	,	essen	wir erst morgen.
	sie gut	kochen	,	kommen	wir viel Gemüse und Obst.
				sein	wir nicht oft krank.

Merke!
Nebensätze mit *wenn* oder *weil* werden immer durch ein Komma vom Hauptsatz getrennt.

1 Schreibe fünf Sätze auf und markiere jeweils das Komma farbig.

Zeichensetzung bei Sätzen mit als und dass

Pech

Es gibt Tage, die ich eigentlich aus dem Kalender streichen sollte.
Es sind Tage, an denen alles schiefgeht.
Als ich gestern Morgen aufstand, fand ich meine Uhr nicht.
Als ich anschließend unter der Dusche stand, blieb das Wasser kalt.
Am Frühstückstisch gab es die nächste Überraschung.
Meine Schwester hatte schon die letzten Brotscheiben gegessen.
Ich begnügte mich mit einem Müsli. Dann wollte ich schnell zur Schule fahren.
Als ich mein Fahrrad aus dem Keller holte, sah ich das platte Vorderrad.
Ich dachte nur: Was kommt jetzt noch? Augen zu und durch.

1 Leon schreibt vom gestrigen Pechtag. Drei Sätze des Textes beginnen mit *als*. Schreibe sie in dein Heft und markiere die Kommas farbig.

2 Ergänze die folgenden Sätze.

Leon fand seine Uhr nicht, als ______________________________

Das Wasser blieb kalt, als ______________________________

Leon sah das platte Vorderrad, als ______________________________

3 Schreibe die folgenden Sätze in dein Heft und markiere die Kommas farbig.

Leon glaubt, dass er seine Uhr findet.
Er hofft, dass warmes Wasser aus der Dusche kommt.
Leon sieht, dass sein Rad einen platten Vorderreifen hat.
Er denkt, dass noch weitere Überraschungen kommen.

Merke!
Nebensätze mit ***als*** oder ***dass*** werden immer durch ein **Komma** vom Hauptsatz getrennt.

4 Bilde mit den folgenden Wortvorgaben fünf *dass*-Sätze. Nimm das Wörterbuch zu Hilfe, wenn du bei der Schreibweise eines Wortes unsicher bist.

Ich glaube, dass ______________________________

Ich hoffe, dass ______________________________

Ich sehe, ______________________________

____

Ich denke, ______________________________

____

Ich meine, ______________________________

____

Getrennt- und Zusammenschreibung

Meist getrennt: Nomen und Verb

Getrennt:

Tennis spielen
Eis essen
Alarm schlagen
Schach spielen
Kanu fahren
Schlange stehen
Klavier spielen
Wut bekommen
Folge leisten

Zusammen:

bergsteigen
heimbringen
leidtun

1 Wähle sechs Beispiele aus und bilde mit ihnen Sätze.

____

____

____

____

____

____

Meist getrennt: Verb und Verb

2 Ergänze mit Verbindungen aus Verb und Verb die folgenden Sätze.

Jan Marc will nächste Woche ______________________.

Den Fehler in deinem Heft kannst du nicht ______________________

______________________.

Alexander ist müde und will noch ______________________.

Wenn morgen gutes Wetter ist, wollen wir ______________________

______________________.

Du willst ihn mit zwölf Jahren schon allein in die Disko ______________________

______________________?

stehen lassen
schwimmen lernen
wandern gehen
liegen bleiben
lesen lernen
gehen lassen

Doppelkonsonanten

1 Sprich die ähnlichen Wörter. Wie unterscheiden sie sich beim Sprechen? Wie unterscheiden sie sich beim Schreiben?

Rasen	beten	bieten	Ofen	Nase	Raten
Rassen	Betten	bitten	offen	nasse	Ratten

2 Die folgenden Wörter haben einen doppelten Konsonanten. Sprich alle Wörter. Wie werden die Vokale vor den doppelten Konsonanten gesprochen?

hell	matt	Tasse	stumm	Futter	retten	rollen	dumm	schnell
Gestell	trimmen	Fell	Knollen	wetten	tollen	trennen	stimmen	Butter
wollen	rennen	satt	Mutter	nennen	Betten	schwimmen	glatt	krumm

3 a) Schreibe nebeneinander die Wörter, die sich reimen. Setze vor alle Nomen einen Begleiter.

schnell – das Gestell – das Fell

b) Kennzeichne den kurzen Vokal vor den doppelten Konsonanten mit einem Punkt.

4 Ergänze zu den Verben die er-, sie- oder es-Form.

retten – sie rettet, rollen – er rollt

5 Schreibe alle Adjektive aus Aufgabe 2 zusammen mit einem Nomen auf.

der helle Tag, das matte Licht, ______

______

______

______

6 Wähle sechs Wörter aus Aufgabe 2 aus und schreibe sie mit einem verwandten Wort auf. Verwende dazu ein Wörterbuch.

das Futter – futtern ______

______

______

7 Präge dir die folgenden Wörter gut ein und schreibe sie mehrfach auf.

vom mit in im um am an hat bis das es man was zum

Merke!
Es gibt einige **Ausnahmen**. Diese Wörter haben nach kurzem Vokal nur einen Konsonanten.

Wörter mit s-Lauten

Merke!
Es gibt zwei verschiedene s-Laute in unserer Sprache:
den **stimmhaften s-Laut**: *leise, Rose, Wiese, lesen*
den **stimmlosen s-Laut**: *beißen, fließen, grüßen, Straße, Nüsse, lassen, müssen*

Tipp
Übe die Wörter mit s, die Wörter mit ß und die Wörter mit ss an unterschiedlichen Tagen.

Das stimmhafte s

1 Probiere den Unterschied aus und sprich die Wörter des Merkkastens.

2 Bilde mit den folgenden Verben die er-, sie- oder es-Form im Präteritum.

lesen *er las* ____________ beweisen ____________

schmusen ____________ niesen ____________

speisen ____________ preisen ____________

reisen ____________ rasen ____________

Merke!
Das **stimmhafte s** schreibt man immer als s. Es bleibt in verwandten Wortformen erhalten.

Das stimmlose s: Wörter mit ß nach langem Vokal oder Doppellaut

stoßen reißen schließen gießen Straße Füße größer

3 Sprich die Wörter deutlich. Zerlege sie nach Silben.

sto-ßen, rei-ßen ____________

4 Bilde zu allen Verben eine einsilbige Form und schreibe sie auf.

stoßen – *sie stößt* ____________ reißen – *es reißt* ____________

Merke!
Die erste Silbe dieser Wörter endet mit einem **langen Vokal** oder einem **Doppellaut**. Die zweite Silbe beginnt immer mit ß.

Das stimmlose s: Wörter mit ss nach kurzem Vokal

fassen messen lassen essen fressen pressen küssen

die Nüsse die Küsse die Schüsse die Fässer die Flüsse die Risse

5 Zerlege die Wörter nach Silben. Schreibe sie in dein Heft.

6 Bilde zu allen Verben und Nomen eine einsilbige Form und schreibe sie in dein Heft.

fassen – er fasst, die Nüsse – die Nuss

Merke!
Wenn der **Vokal** vor dem s **kurz** ist, schreibt man ss.

Fehler erkennen

Merke!
Um Fehler in einem Text zu erkennen, kontrolliere ihn Wort für Wort. Du kannst auch Satz für Satz halblaut sprechen.

1 Im rechten Text sind fünf Fehler. Vergleiche Wort für Wort mit der Vorlage auf der linken Seite.

Pech
Es gibt Tage, die ich eigentlich
aus dem Kalender streichen sollte.
Es sind Tage, an denen bei mir alles
schiefgeht.
Als ich gestern Morgen aufstand,
fand ich meine Uhr nicht.
Als ich dann unter der Dusche stand,
blieb das Wasser eiskalt.
Am Frühstückstisch wartete schon
die nächste Überraschung.

Pech
Es gibt Tage, die ich eigentlich
aus dem kalender streichen sollte.
Es sind Tage, an denen bei mir alles
Schiefgeht.
Als ich gestern Morgen aufstand,
fant ich meine Uhr nicht.
Als ich dann unter der Dusche stand,
blieb das Wasser eiskalt.
Am Frühstücktisch wartete schon
die nächste Überaschung.

2 Streiche die Fehler durch und schreibe die fünf Wörter richtig an den Rand.

Texte abschreiben

1. Lesen
Lies den ganzen Text durch. Kläre, was du nicht verstehst.

2. Einprägen
Lies einen Satz und teile ihn in Wortgruppen ein, die du dir einprägen kannst.

Stell dir vor, / du gehst im Regen spazieren / und die Regentropfen schmecken so sauer wie Essig. /

Präge dir die Wortgruppe ein, die du abschreiben willst. Einen kurzen Satz kannst du dir vielleicht ohne Einteilung einprägen.

3. Schreiben
Decke die Wortgruppe zu. Schreibe sie gut leserlich aus dem Gedächtnis auf.

4. Vergleichen und verbessern
Vergleiche Wort für Wort mit der Vorlage. Streiche einen Fehler durch und schreibe das Wort neu.

5. Kontrollieren
Kontrolliere noch einmal deinen ganzen Text mit der Vorlage.

Mit Wortlisten üben

Mit Wortlisten (siehe Randspalte) kannst du gezielt bestimmte Wörter üben.

Übungsmöglichkeiten

1. Wortliste vorbereiten

Falte ein Blatt Papier oder eine Seite des Heftes zweimal, sodass drei gleich große Spalten entstehen.
Schreibe in die erste Spalte die Wortliste.

2. Lesen

Lies alle Wörter der Wortliste langsam und deutlich.
Vergleiche deine Wortliste mit der Vorlage.

3. Einprägen

Präge dir ein Übungswort oder mehrere aus der ersten Spalte gut ein.

4. Schreiben

Klappe die erste Spalte um und schreibe das Wort oder die Wörter in die dritte Spalte.

5. Vergleichen und verbessern

Decke auf und vergleiche. Ist das Wort richtig geschrieben, bekommt es ein Häkchen. Ist das Wort falsch geschrieben, wird es ganz durchgestrichen und davor in die zweite Spalte richtig geschrieben.

hell
matt
Tasse
glatt
krumm
retten
wollen
wetten
Gestell
schnell
Schwimmbad
Futterstelle

Wörter eines Textes üben

1. Übe Wörter eines Diktats oder einer eigenen Geschichte mit der Rechtschreibkartei (siehe dazu Seite 61).

2. Ordne Wörter nach Wortarten. Schreibe Nomen mit einem Artikel auf. Ordne wichtige Wörter deines Textes in eine Tabelle ein.

Nomen	Verben	Adjektive	andere Wörter
die Bahn	*befehlen*	*froh*	*früher*

3. Setze Verben in verschiedene Formen. Du kannst das Wörterbuch benutzen. Schreibe einige Verben in unterschiedlichen Formen auf.

Infinitiv	Präsens	Präteritum
fahren	*sie fährt*	*er fuhr*

4. Schlage schwierige Wörter im Wörterbuch nach und schreibe sie heraus. Schreibe Nomen mit einem Artikel auf. Notiere die Seitenzahl.

die Bahn (S. 201), erzählen (S. 353)

5. Suche gezielt einige Wörter aus, die du nach Silben ordnest. Schreibe Nomen mit einem Artikel auf.

1 Silbe: *die Bahn, die Fahrt, froh*

2 Silben: *der Bahnhof, fahren*

3 Silben: *befehlen, erzählen*

4 Silben: *die Temperatur, ...*

6. Suche verwandte Wörter und unterstreiche gemeinsame Bestandteile.

fahren, die Fahrt, das Fahrzeug

7. Lass dir Fehlerwörter diktieren (siehe auch Partnerdiktat Seite 61).

8. Ergänze zwischen Begleiter und Nomen Adjektive.

die *schnelle* Bahn, der *große* Bahnhof

Mit einer Rechtschreibkartei üben

1 Sammle deine eigenen Fehlerwörter in einer Rechtschreibkartei mit vier Fächern. Du schreibst das Fehlerwort in der richtigen Schreibung auf eine Karteikarte, die in deine Kartei passt. Nomen schreibe mit Begleiter auf.

1. Fach: Diese Wörter möchte ich üben.
2. Fach: Diese Wörter habe ich schon einmal geübt (Partnerdiktat oder Dosendiktat) und richtig geschrieben.
3. Fach: Diese Wörter habe ich schon mehrfach richtig geschrieben.
4. Fach: Diese Wörter kann ich richtig schreiben. Ich nehme sie nach einer selbst festgelegten Zeit aus dem Fach.

Dosendiktat

1. Lesen
Lies alle Karteikarten-Wörter und lege sie dann verdeckt auf einen Stapel.

2. Einprägen
Decke die oberste Karteikarte auf und präge dir das Wort ein. Dreh dann die Karte um.

3. Schreiben
Schreibe das Wort nun im Heft auf und stecke die Karteikarte in die Dose. Schreibe so alle Wörter des Stapels auf.

4. Vergleichen und verbessern
Nimm alle Karteikarten aus der Dose und vergleiche Wort für Wort. Streiche ein falsch geschriebenes Wort durch und schreibe es richtig auf.

5. Karteikarten einordnen
Die falsch geschriebenen Karteikarten-Wörter bleiben im gleichen Fach. Die richtig geschriebenen Karteikarten-Wörter legst du in das nächste Fach.

Partnerdiktat

1. Lesen und vereinbaren
Lest beide die Wörter des Partners genau durch. Vereinbart, wer schreibt und wer diktiert.

2. Diktieren und schreiben
Einer diktiert Wort für Wort die Karteikarten-Wörter aus dem Fach des Partners. Der andere schreibt die Wörter in das Heft.

3. Vergleichen und verbessern
Vergleicht gemeinsam mit der Vorlage. Verbessert das fehlerhafte Wort.

4. Karteikarten einordnen
Ordnet die Karteikarten wie beim Dosendiktat ein. Danach folgt wieder der Arbeitsschritt „2. Diktieren und Schreiben“. Nun diktiert der zweite Partner.

Mit Texten üben

Wenn du einen Text als Diktat schreiben möchtest, kannst du vorher einige Wörter mit den Aufgaben 1 bis 8 auf Seite 60 üben.

Wasser und Leben

Alle Lebewesen brauchen Wasser. Das Wasser auf unserem Planeten ist ununterbrochen in Bewegung. Wir nennen das den Wasserkreislauf. Wasser kann auf verschiedene Weise in die Luft gelangen. Es verdunstet zum Beispiel aus dem Meer, verdampft als Schweiß eines Tieres oder wurde durch Transpiration von den Blättern einer Pflanze freigesetzt. Dieser Wasserdampf wird zu winzigen Tröpfchen, die Wolken bilden. Dann fällt das Wasser als Regen, Hagel, Schnee oder Tau wieder auf die Erde zurück. Wasser kann aber auch aus dem Boden kommen. Es steigt als Dampf aus heißen Quellen oder aus Vulkanen. Seit vielen Millionen Jahren sammelt es sich aus all diesen verschiedenen Ursprüngen, indem es in den Boden sickert. Hieraus entsteht unser Grundwasser. Der tägliche Wasserbedarf eines Menschen beträgt mindestens fünf Liter, um zu überleben.

Saurer Regen

Stell dir vor, du gehst im Regen spazieren und die Regentropfen schmecken so sauer wie Essig. Überlege, welchen Schaden das den Bäumen und anderen Pflanzen zufügt oder wie es der Gesundheit der Lebewesen zusetzt. Schon heute gibt es in vielen Gebieten der Erde regelmäßig Regenschauer, die fast so sauer wie schwacher Essig sind. Flüsse und Seen unterscheiden sich in ihrer Fähigkeit, sauren Regen zu verkraften. Einige schaffen es, ihn aufzunehmen, ohne dass sie selbst sauer werden. Andere werden innerhalb weniger Jahre selbst säurehaltig. Das hängt stark vom Boden ab. Kalkhaltige Böden sind widerstandsfähig gegen Säure. Tonhaltige Böden sind es nicht. Saurer Regen beschädigt auch Bäume, vor allem Nadelbäume. Die Bäume verlieren ihre Blätter oder Nadeln und haben größere Schwierigkeiten, Wasser durch ihre Wurzeln aufzunehmen.

Regenwürmer

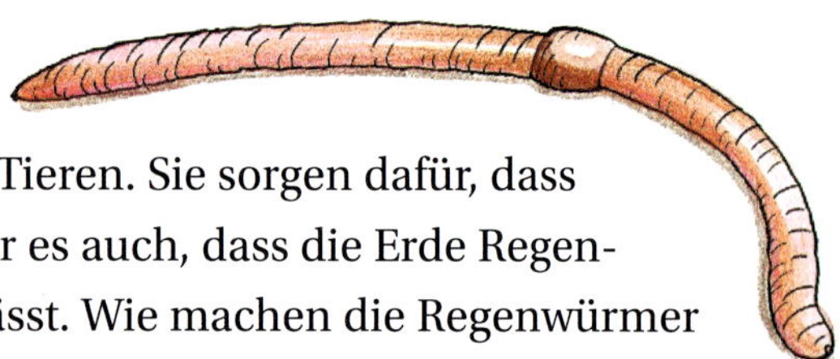

Regenwürmer zählen zu den nützlichsten Tieren. Sie sorgen dafür, dass die Erde locker bleibt. Ihnen verdanken wir es auch, dass die Erde Regenwasser aufnimmt und Pflanzen wachsen lässt. Wie machen die Regenwürmer das? Sie wühlen sich bis zu anderthalb Meter durch den Boden und lockern ihn so. Sie fressen tote Pflanzenreste, die sie dort finden. Was sie verdaut von sich geben, ist gute neue Erde. Regenwürmer ziehen abgefallene Blätter in ihre Gänge und fressen sie auch. Glaubt ihr, dass Regenwürmer an beiden Enden gleich aussehen? Wo ist vorne und hinten? Wenn ihr genau hinseht, erkennt ihr den Unterschied. Regenwürmer haben einen Kopf, der etwas spitzer als das andere Ende ist. Augen haben Regenwürmer nicht, denn mit ihnen könnten sie in der dunklen Erde nichts anfangen.

Bäume

Wenn du einen Freund beschreibst, sprichst du über seine Haare, seine Augen, seine Kleider und seine Größe. Die Merkmale eines Baumes sind die Blätter, die Blüten, die Zweige und die Rinde. Bäume unterteilt man in Laubbäume und Nadelbäume. Die Blätter der Nadelbäume sehen aus wie kleine Nadeln. Die Blätter der Laubbäume haben ganz unterschiedliche Formen und Größen. Sie sind dünn, flach und oft sehr breit. Die meisten Laubbäume in Europa verlieren im Winter ihre Blätter. In vielen anderen Teilen der Welt gibt es aber auch immergrüne Laubbäume. Der Stamm trägt die Blätter hoch in die Luft. Pflanzen ernähren sich mit Hilfe von Sonnenlicht. Je größer der Baum ist, desto mehr Licht bekommt er und desto weniger Tiere können seine Blätter abfressen.

Pech

Es gibt Tage, die einfach aus dem Kalender gestrichen werden sollten. Als ich gestern Morgen aufstand, fand ich meine Uhr nicht. Ich suchte auf meinem Schreibtisch und im Schlafzimmer. Vergeblich! Als ich danach unter der Dusche stand, traf mich ein kalter Wasserstrahl. Das Wasser wurde nicht warm. Als ich in die Küche kam, wartete die nächste Überraschung auf mich. Die letzte Brotscheibe hatte meine Schwester gegessen. Ich aß ein Müsli und ging in den Keller. Dort stand mein Rad, mit dem ich zur Schule fahren wollte. Jedoch ein Reifen war platt. Ich dachte, dass noch weitere Überraschungen auf mich warteten. Als ich wieder oben in der Küche war, erzählte ich alles meiner Mutter. Sie tröstete mich: „Pech hat jeder mal. Komm, ich fahre dich zur Schule."

Auch in Höhlen kann man wohnen

Höhlen sind abenteuerlich, dunkel und geheimnisvoll. Man denkt an Fledermäuse und versteckte Schätze. Höhlen dienen den Menschen schon seit Urzeiten als Unterschlupf und Behausung. Man suchte dort Schutz vor dem Wetter oder vor Verfolgungen. Menschen versteckten sich dort auch im Krieg. Noch heute wohnen Menschen in vielen Teilen der Welt in Höhlen. Im Sommer wie im Winter ist die Temperatur gleich. In Nordeuropa sind es etwa acht Grad, im Süden sind es ungefähr zwanzig Grad. Das Gestein speichert die Wärme und sorgt für gleich bleibende Temperaturen. In den Höhlen ist die Luft sehr oft feucht und fast staubfrei. Kannst du dir vorstellen, auch mal einen Tag in einer Höhle zu verbringen?

Das Familienleben bei den Römern

Die Familie war bei den Römern heilig. Der Vater war Oberhaupt der Familie und herrschte über die anderen Mitglieder, von der Ehefrau bis zu den Sklaven. Er besaß sogar die Macht über Leben und Tod seiner Kinder. Er konnte es verweigern, sie als seine Nachfolger und Erben einzusetzen, und sie sogar als Sklaven verkaufen. In Wirklichkeit wurden Frau und Kinder nicht so sehr unterdrückt. Die Frau überwachte den Haushalt und teilte das Geld ein. Sie erzog die Kinder bis zum Schulalter. Viele Sklaven gab es in den größeren Häusern. Manche von ihnen wurden schlecht behandelt, andere allerdings wie Familienmitglieder.

Haus und Heim bei den Römern

Ein reicher Römer leistete sich ein Stadthaus und eine Villa auf dem Lande. Die Häuser der Reichen hatten alle die gleiche Grundform. Man betrat durch das Tor eine Halle, die nach oben offen war und in der Mitte des Fußbodens ein Wasserbecken besaß. Ein von Säulen umstandener Garten spendete wohltuenden Schatten in der Hitze des italienischen Sommers. Die Räume waren sparsam, aber elegant eingerichtet. Sie hatten hohe Decken, große Türen und nur wenige Fenster. Bunte Gemälde hingen an den Wänden. Die Böden waren sehr oft mit Mosaiken ausgelegt. Die Römer hatten in ihren Häusern nur wenige Möbel. Dazu zählten Truhen, Betten, kleine Tische und vielleicht einige Holzschränke. Zusätzlich gab es Liegen, auf denen hauptsächlich gegessen wurde. Nur die wenigsten Leute konnten sich an Luxus erfreuen. Die meisten Menschen lebten in Armut auf dem Lande oder in übervölkerten Mietskasernen in der Stadt. Im Erdgeschoss solcher Blöcke gab es meist Geschäfte.

Festliches Abendessen

Wohlhabende Römer gingen zeitig nach Hause, um die Hauptmahlzeit des Tages zu genießen. Es war das Abendessen. Das Essen begann schon um zwei oder drei Uhr nachmittags und dauerte mehrere Stunden. Oft war es mehr ein gesellschaftliches Ereignis als nur eine Mahlzeit, weil Gäste kamen. Zwischen den einzelnen Gängen gab es Unterhaltung. Possenreißer, Tänzer und Dichter sorgten für Abwechslung. Für das Abendessen zog man ein elegantes Gewand an, das aus Griechenland stammte. In der Regel umgaben drei Liegen den niedrigen Speisentisch, auf den die Diener das Essen stellten. Gabeln nahmen die Römer nicht zum Essen. Sie nahmen einfach die Finger und mussten sich deshalb oft die Hände waschen. Bei manchen Gelagen wurde zu viel gegessen und zu viel trockener oder süßer Wein genossen. Krüge für Wein und Wasser wurden aus Ton, Glas, Bronze oder Silber hergestellt.

Rechtschreiben an Stationen üben

Tipp
Kopiere den Laufzettel, bevor du mit dem Stationstraining beginnst.

Laufzettel

Name:

- Nimm für jede Station ein Blatt oder mehrere Blätter mit Linien und gib oben die Station an.
- Du kannst die Reihenfolge der Aufgaben frei wählen.
- Du kannst zwischen leichter (A) und schwieriger Aufgabe (B) wählen. Trage den Buchstaben der ausgewählten Aufgabe in deinen Laufzettel hinter der Stations- und Aufgabennummer ein.
- Mach in deinem Laufzettel ein Häkchen bei den Aufgaben, die du erledigt hast.
- Kontrolliere mit Hilfe des Lösungsheftes, ob du die Aufgaben richtig gelöst hast.
- Trage bei jeder Station deine Problemwörter in die vierte Spalte ein.
- Bist du zufrieden mit deinem Ergebnis? Trage deine Einschätzung in Form eines Smileys ein.

Station und Aufgabe	erledigt ✓	kontrolliert	Problemwörter	Einschätzung ☺ ☺ ☹
(1) [1] ___ [2] ___				
(2) [1] ___ [2] ___ [3] ___				
(3) [1] ___ [2] ___				
(4) [1] ___				
(5) [1] ___				
(6) [1] ___				

Das möchte ich noch nach Abschluss der Stationen sagen: ____________

____

Station 1: Großschreibung von Nomen

1 A Ergänze im Text „Bäume" die Lücken und schreibe dann den ersten Abschnitt auf. Überprüfe die Großschreibung mit der Artikelprobe oder der Pluralprobe oder setze zwischen Artikel und Nomen ein Adjektiv.

B Ergänze die Lücken und schreibe dann den Text auf. Überprüfe die Großschreibung mit der Artikelprobe oder der Pluralprobe oder setze zwischen Artikel und Nomen ein Adjektiv.

Bäume

Bäume haben viele ■einde, besonders Tiere, die ■lätter fressen.
Auch Insekten und Pilze ernähren sich von Holz, obwohl Blätter als ■ahrung besser sind.
Giftige ■bgase werden durch Autos, Industrien und Kraftwerke ■erursacht.
Eine ■roße Gefahr für den Baum ist auch der Borkenkäfer.
Borkenkäfer übertragen ■rankheiten, die die Bäume abtöten.
Einige Tiere ernähren sich von dem Baum selbst.
Andere Tiere fressen als ■ahrung die Schädlinge des Baumes.
Regenwürmer sind sehr ■ichtig für Bäume.
Sie zersetzen ■bgefallene Blätter im Erdreich und wandeln sie zu ■ährstoffen um.

2 A Lies dir noch einmal die Merksätze auf Seite 47–48 durch. Ergänze die fehlenden Buchstaben in den folgenden Sätzen.

B Lies dir noch einmal die Merksätze auf Seite 47–48 durch. Ergänze mündlich die Lücken in den folgenden Sätzen. Schreibe dann alle Sätze mit den eingesetzten Buchstaben auf.

Das ■egwerfen von Müll im Wald ist strengstens verboten.
Das ■esteigen morscher Hochsitze ist sehr gefährlich.
Im Herbst ■erlieren viele Laubbäume ihre Blätter.
Zum ■ressen von Blättern kann man sich eine Pflanzenpresse aus Holz basteln.
Im Frühling gefällt mir besonders das zarte ■rün der Buchenblätter.
Im Mai tauchen zahlreiche Blumen die Wiesen in ein kräftiges ■elb oder leuchtendes ■ila.
Laubbäume tragen im Herbst ■ote, ■elbe oder ■raune Blätter.
An vielen Waldseen ist das ■ngeln nicht erlaubt, um dort den Fischbestand zu erhalten.

Station 2: Doppelkonsonanten nach kurzem Vokal

Merke!
Die **Vokale vor den Doppelkonsonanten** werden **kurz** gesprochen. Nach langem Vokal stehen keine Doppelkonsonanten.

1 A Ergänze die fehlenden Buchstaben bei den folgenden Wörtern. Lies die vollständigen Wörter. Setze einen Punkt unter die Vokale vor den Doppelkonsonanten.

B Ergänze mündlich die fehlenden Konsonanten. Schreibe dann die Wörter auf.

der Wa__erlauf	mü__en	die Bewä__erung	entno__en
die Ha__e	der Re__entropfen	das So__enlicht	die Flü__e
das Le__ewesen	der Ha__el	der Bo__en	e__en
sie i__t	das Abende__en	der steile We__	der Be__en

2 A Ergänze die fehlenden Konsonanten. Achte darauf, ob der Vokal vor der Lücke lang oder kurz gesprochen wird.

B Ergänze die fehlenden Konsonanten und schreibe den Text „Wasser“ auf.

Wasser

Wasser wird aus Flü__en, Seen oder aus dem Boden entno__en. We__ nicht genügend Regen fä__t, mü__en die Felder künstlich feucht gehalten werden. Diesen Vorgang ne__t man Bewä__erung. Auf dem We__ von der Que__e zum Meer verändern sich die Eigenschaften des Wa__ers. Gebirgsflü__e haben eine hohe Fließgeschwindigkeit. Hier mü__en sich die Wa__ertiere an Felsen schmie__en oder sehr schne__ schwi__en.

3 A Ergänze die Lücken. Schreibe den Text „Das Leben im Fluss“ vollständig auf.

B Ergänze die Lücken. Schreibe den Text „Das Leben im Fluss“ als Partnerdiktat.

Das Leben im Fluss

Fore__en und Larven der Eintagsfliegen gedeihen im o__eren Flu__lauf. Im mi__leren Flu__lauf leben zahlreiche Fische, gro__e Wa__erkäfer und Rückenschwi__er. Der mi__lere Flu__lauf besitzt schne__e und beruhigte Abschni__e. Im Mündungsbereich des Flu__es wachsen Sumpfpflanzen, gro__e Schilfgewächse und Wa__erlilien. Flü__e und Seen werden von der Industrie oft als Mü__kippen benutzt. Abwä__er und andere Scha__stoffe werden einfach hineingeleitet.

Merke!
Das **stimmhafte s** schreibt man immer als s. Dieses s bleibt in verwandten Wortformen erhalten.

Station 3: Wörter mit s-Lauten

1 A Ergänze die fehlenden Buchstaben. Schreibe die Wörter dann auf dein Blatt und unterstreiche nur die Wörter mit stimmhaftem s-Laut.

B Ergänze die fehlenden Buchstaben. Schreibe die Wörter dann auf dein Blatt und unterstreiche die langen Vokale vor dem s.

die roten Ro___en	der Zierra___en	er ra___t	der Wa___erstand
die Lebewe___en	das Ki___en	be___er	der Be___en
le___en	der Flu___lauf	lei___e	die Rei___e
verge___en	die Nä___e	die Mäu___e	die Prei___e

2 A Ergänze die Reimwörter.

B Ergänze die Reimwörter. Schreibe sie auf und unterstreiche gleiche Wortteile.

die Reise	w___	l___	ich verspei___	die M___
rasen	die N___	die V___	bl___	

Merke!
Kommas setzt man zwischen Wörtern und Wortgruppen, mit denen etwas **aufgezählt** wird. Man setzt kein Komma, wenn zwischen den aufgezählten Wörtern *und* beziehungsweise *oder* steht.

Station 4: Zeichensetzung

1 A Ergänze die fehlenden Kommas. Schreibe den Text „Wasser und Leben“ auf. Ihr könnt ihn auch als Partnerdiktat schreiben.

Wasser und Leben

Große Mengen Wasser werden verschwendet verseucht verschmutzt vergiftet oder vergeudet.
Das Wasser fällt als Regen Hagel Schnee oder Tau wieder auf die Erde zurück.
Das Wasser wird aus Flüssen Teichen Seen Bächen und aus dem Boden entnommen.
In unseren Gewässern leben Forellen Schollen Seehechte Zander Schellfische Heringe und der Kabeljau.

B Ergänze mit Hilfe der Satzvorgaben aus „Wasser und Leben“ die folgenden Satzanfänge. Schreibe deine vier Sätze auf. Achte auf die Zeichensetzung.

Wir verschwenden, verseuchen ...
Vom Himmel fällt das Wasser als ...
Wir entnehmen das Wasser aus ...
Angler finden in unseren Gewässern ...

Station 5: Fehler finden und berichtigen

Trinkwasser – ein kostbares Gut

Jedes Jahr nimmt die Anzahl der Menschen auf der Erde zu.
Für alle ist ein Leben ohne Trinkwasser undenkbr.
In vielen Gebieten wird das kostbare Gut schon ser knapp. Doch warum?
In zahlreichen Gegenden der Erde regnet es zu wenig.
Dort verdunstet das Wasser wegen der hohen Temperaturen auch sehr schell.

Unsere Erde hat zwar große Meere, aber das ist meistens Salzwasser.
Es eignet sich weder zum Trinken noch zum Bewässern von Gärten.
Nur drei Prozent des Wasses auf der Erde ist Süßwasser, das für die landwirtschaft und für uns Menschen brauchbar ist.
Zum Glück können die Menschen aus salzigem Meerwasser trinkbares Süßwasser herstelln.

1 A Im ersten Abschnitt findest du drei Fehler. Streiche sie durch und berichtige die Wörter am Rand. Schreibe dann den Abschnitt richtig auf.

B Streiche alle Fehler im Text durch und schreibe die Wörter richtig an den Rand. Ihr könnt einen Abschnitt als Partnerdiktat schreiben.

Station 6: Wörter verlängern

Wasser ist für die Landwirtschaft notwendig. Der Landwirt muss oft sein Feld künstlich feucht halten. Diesen Vorgang nennt man Bewässerung.
Wenn das Gras nicht ausreichend Wasser erhält, wird es gelb und vertrocknet.
Das Wasser auf unserem Planeten ist ständig in Bewegung.
Jahr für Jahr strömt frisches Wasser aus Flüssen vom Land ins Meer.
Ein Haushalt benötigt viel Wasser pro Tag.
Jeden Tag erleben wir auf unserer Erde Wasserverschmutzung, Wasservergeudung und eine Vergiftung des Wassers.

1 A Die Sätze enthalten Wörter mit den Auslauten *d, t, b, p, g, k*.
Schreibe nur die unterstrichenen Nomen auf. Verlängere sie, indem du den Plural bildest.

der Landwirt – die Landwirte

B Die Sätze enthalten Wörter mit den Auslauten *d, t, b, p, g, k*.
Schreibe die unterstrichenen Nomen auf. Verlängere sie, indem du den Plural bildest. Schreibe dann die unterstrichenen Adjektive auf. Verlängere sie, indem du sie einem Nomen zuordnest.

notwendig – die notwendige Wassermenge

Sprache untersuchen

Konjunktionen

Merke!

Diese **Konjunktionen** (Bindewörter) verbinden **Hauptsätze**:

und	*… , aber*
oder	*… , denn*
↓	↓
ohne Komma	mit Komma

1 Verknüpfe die Sätze mit der passenden Konjunktion.

Anna geht zu ihrer Freundin ____________

____________ ihr Bruder geht nach Hause.

Marcel geht ______________________________

____

Franziska ________________________________

____

2 Suche heraus, welche beiden Hauptsätze inhaltlich zusammenpassen, und verbinde sie mit einer geeigneten Konjunktion.
Schreibe die Sätze in dein Heft.

Kitti liebt ihren Michl.	Michls Eltern leben zusammen.
Kittis Eltern leben getrennt.	Kitti verbringt das Wochenende mit ihrem Vater.
Kitti will nicht nach Salzburg ziehen.	Michl liebt die Kitti.
Kitti verbringt das Wochenende mit Michl.	Kitti will in Wien bleiben.

Merke!

Diese **Konjunktionen** (Bindewörter) leiten **Nebensätze** ein:
wie, dass, damit, indem, wenn, obwohl, sodass, während, da, …
Vor diesen Konjunktionen steht immer ein **Komma**.

3 Setze die richtige Konjunktion ein.

Ich brauche mehr Taschengeld, ____________ alles teurer wird.

Ich habe kein Geld mehr, ____________ ich sehr sparsam war.

Ich finde es ungerecht, ________ ich weniger Geld als Monika bekomme.

Ich verspreche dir, bei der Hausarbeit zu helfen, ____________ mein Taschengeld erhöht wird.

Ich möchte etwas Geld sparen, ____________ ich mir ein Mountainbike leisten kann.

Ich könnte selbst etwas dazuverdienen, ____________ ich Zeitungen austrage.

Ich habe es gemerkt, ____________ jemand mein Geld geklaut hat.

Ich verdiene mir das Taschengeld, ____________ ich auf die Kleine aufpasse.

Ich brauche kein Taschengeld, ____________ ich mir nichts kaufen will.

Von nun an gebe ich weniger aus, ____________ mir mehr Geld bleibt.

wie
dass
damit
indem
wenn
obwohl
sodass
während
da
weil

4 Ergänze die folgenden Nebensätze.

Er verdient sich sein Taschengeld, indem ____________.

Er verdient sich sein Taschengeld, obwohl ____________.

Er verdient sich sein Taschengeld, weil ____________.

Er verdient sich sein Taschengeld, damit ____________.

Er verdient sich sein Taschengeld, während ____________.

Du gibst in nächster Zeit kein Geld aus, obwohl ____________.

Du gibst in nächster Zeit kein Geld aus, weil ____________.

Du gibst in nächster Zeit kein Geld aus, damit ____________.

Du gibst in nächster Zeit kein Geld aus, wenn ____________.

Du gibst in nächster Zeit kein Geld aus, sodass ____________.

Du gibst in nächster Zeit kein Geld aus, da ____________.

Präpositionen

Merke!

Präpositionen (Verhältniswörter) beschreiben, wie Personen, Tiere und Dinge zueinander stehen.
Der Fußball liegt ***neben*** *dem Tor.*
Präpositionen fordern einen bestimmten Fall.
neben dem Tor liegen, unter das Bett rollen

1 Beschreibe, wohin der Ball rollt. Markiere die Präpositionen.

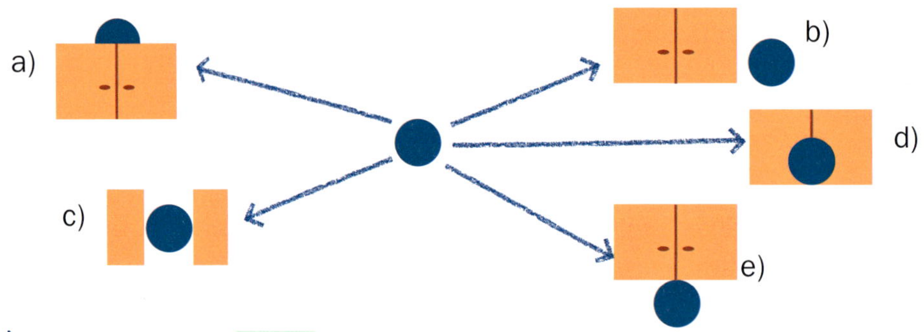

a) Der Ball rollt hinter den Schrank.

2 Wo liegt der Ball jetzt jeweils? Markiere, was sich an den Sätzen ändert.

a) *Der Ball liegt hinter dem Schrank.*

b) ______________________________

c) ______________________________

d) ______________________________

e) ______________________________

3 Setze eine passende Präposition aus der Wortliste in der Randspalte ein.

______________ dem Dach

______________ lauter Zorn

______________ ihrem Geburtstag

______________ der Feier

______________ vorletztem Wochenende

seit
unter
auf
vor
bis zu
trotz
wegen
aus
an
mit
nach

4 Setze die richtigen Präpositionen ein und schreibe den Text in dein Heft.

Neulich fuhr ich ___ meinem Fahrrad ___ Tante Ulla. Beladen ___ Blumen und Geschenken stand ich ___ ihrer Haustür. Es dauerte lange, bis sie öffnete. ___ Hintergrund hörte ich das Stimmenwirrwarr der anderen Besucher. Fröhlich begrüßte sie mich und führte mich ___ den Flur ___ das Wohnzimmer.

Tipp
durch, im, in, mit (2), vor, zu

Zeitformen der Verben

Verben in verschiedenen Zeitformen

Wechselhafte Zeiten

Mir *hat* das nasskalte Wetter in den vergangenen Tagen die gute Laune *genommen.* Für alle, denen es genauso *ergangen ist, gibt* es heute erfreulichere Nachrichten: Zwar *bestimmt* immer noch ein Tiefdruckgebiet unser Wetter, aber es *ist* bereits nach Osten *weitergezogen.*

Im Tagesverlauf *wird* es heute deshalb freundlicher *werden.* Die Vorhersage im Einzelnen: Vor allem im Norden *fallen* heute noch gelegentlich Regenschauer, im Süden *ist* aber schon am Vormittag das Wetter etwas freundlicher: Sonnenschein *wechselt sich* mit Wolken *ab,* es *bleibt* trocken. Wo die Sonne *scheint, werden* die Temperaturen am Nachmittag elf bis fünfzehn Grad *erreichen,* an der Küste *wird* es mit weiterhin nur neun Grad ziemlich kühl *bleiben.* Erst ab dem Wochenende *wird* ein Hochdruckgebiet für mehr Sonne *sorgen.* Zwar *wird* es gelegentlich noch ein paar Wolken *geben,* aber der Regen *wird sich* am Samstag endgültig *verabschieden.* Das Quecksilber *wird* auf siebzehn bis zwanzig Grad *klettern.*

Die gute Laune *wird* bestimmt *wiederkehren.* Und Sie *können* also schon einmal für Samstag und Sonntag Pläne für einen Ausflug oder eine Radtour *schmieden.*

1 a) Ordne die im Text hervorgehobenen Zeitformen der Verben in die Tabelle ein.

Präsens	**Perfekt**	**Futur**
		wird werden

b) Ergänze in deinem Heft zu jedem eingetragenen Wort die beiden anderen Formen.

Vergangenes erzählen

Merke!

Wenn etwas schon vor dem geschehen ist, was im Präteritum erzählt wird, gebraucht man dafür die Zeitform Plusquamperfekt.

Nachdem ich das Spiel beendet hatte,
schaltete ich den PC aus.

Flaschenpost

Tobias fand eine Flasche, die das Meer ans Ufer *spülte/gespült hatte.* Darin war ein Brief. Er zog den Korken heraus und fischte mit seinen Fingern nach dem Papier. Er atmete tief durch, als er es aus der Flasche *zog/gezogen hatte.* Nachdem er das Papier sorgfältig *auffaltete/aufgefaltet hatte,* entdeckte er merkwürdige Schriftzeichen. Er kannte sie nicht. „Kannst du das lesen?“, fragte er den alten Fischer, der ganz in der Nähe seinen Kahn *festmachte/festgemacht hatte.* „Nein.“ Der Alte redete nie viel. Was stand bloß auf dem Zettel? Vielleicht war es so, dass die Post von der Insel vor der Küste *kam/gekommen war.* Tobias wollte das unbedingt herausfinden. Am nächsten Abend band er ein Boot los und sprang hinein. Er ruderte aus Leibeskräften. Trotzdem kam er nur langsam voran. Und bald wusste er, dass das Boot in eine Strömung *geriet/geraten war,* die es von der Insel und von der Küste wegtrieb …

Tipp

Satzteil im Präteritum = grün unterstrichen
Satzteil im Plusquamperfekt = rot unterstrichen

2 a) Präteritum oder Plusquamperfekt? An manchen Textstellen sind zwei Vergangenheitsformen angegeben. Streiche die falsche Zeitform im Text durch.

b) Überprüfe deine Entscheidung: Unterstreiche den Teil des Satzes, der die vorausgegangene Handlung erzählt, rot, den anderen grün.

3 Verknüpfe ein Ereignis mit dem, was vorher passiert ist. Gehe so vor:

- Formuliere das Ereignis (rechte Spalte der Tabelle auf Seite 75 oben) im Präteritum.
- In welcher Zeitform steht dann das, was vorher passiert ist (linke Spalte der Tabelle auf Seite 75)?
- Schreibe den vollständigen Satz auf.

was vorher passiert ist	Ereignis
Schlüssel verloren	warten müssen, bis Mutter kommt
nichts gelernt	schlechte Note bekommen
nicht getankt	zu Fuß gehen
etwas von Seeräubern gelesen	nachts schlecht träumen
Zimmer aufgeräumt	den Ring wiederfinden
eine Spinne gesehen	laut schreien

Weil Petra den Schlüssel verloren hatte, musste sie warten, bis ihre Mutter kam.

4 Ergänze die fehlenden Verbformen in der Tabelle. Trage in der obersten Spalte die Namen der Zeitformen ein.

Infinitiv		
rennen	er rannte	
kriechen		
		er hatte gefressen
	es schmeckte	
rollen		
sich kümmern		
hopsen		

Merke!
Verben der Fortbewegung werden im Plusquamperfekt mit Formen von *sein* gebildet.

5 Schreibe die Beispielsätze im Präteritum und im Perfekt.
Unterstreiche die Verben.

- Manuel gerät mit seinem Boot in einen Sturm.

Präteritum: Manuel geriet ______________________________

Perfekt: Manuel ist ______________________________ geraten.

- Das Boot kippt um.

Präteritum: ______________________________

Perfekt: ______________________________

- Manuel schwimmt hastig und schnell.

Präteritum: ______________________________

Perfekt: ______________________________

- Neben ihm springt ein dicker grauer Fisch.

Präteritum: ______________________________

Perfekt: ______________________________

- Manuel erschrickt und verschluckt sich.

Präteritum: ______________________________

Perfekt: ______________________________

- Der Delfin trägt Manuel sicher an Land.

Präteritum: ______________________________

Perfekt: ______________________________

Mehrdeutigkeit von Wörtern

1 Viele Wörter haben mehrere Bedeutungen. In welchem Geschäft hätte die Frau anrufen müssen?

____

2 Um welches mehrdeutige Wort handelt es sich jeweils? Schreibe es mit dem dazugehörigen Artikel unter die Erklärungen.

a) So nennt man ein weißes Pferd. — Er bildet sich auf Lebensmitteln und an feuchten Wänden.

____

b) Es ist ein Sportgerät. — Es ist eine Tanzveranstaltung.

____

c) Der König lebt darin. — Es ist an jeder Tür.

____

d) Der Arzt schreibt es. — Man braucht es zum Kochen.

____

e) Ein Schiedsrichter braucht sie. — Man füllt sie mit Tabak.

____

f) Er kann tropfen. — Er kann krähen.

____

3 Umschreibe die beiden Bedeutungen. Verwende, wenn nötig, ein Wörterbuch.

______________________________ die Note

____

______________________________ die Bank

____

Satzglieder

Fliegende Objekte

> Merke!
> Mit **„Wen?"** oder **„Was?"** erfragt man das **Akkusativobjekt.**
> Mit **„Wem?"** erfragt man das **Dativobjekt.**

1 a) Vervollständige die Sätze mit den Wendungen des Tippzettels im richtigen Fall.

b) Trage den Buchstaben der benutzten Wendung in das Kästchen vorn ein.

		Satzglied
☐	Die Brüder Montgolfier erfanden im 18. Jahrhundert *den ersten Heißluftballon.*	*Akkusativobjekt*
☐	Wer senkrecht starten und landen will, benutzt ______	______
☐	Die größte Flügelspannweite aller Vögel gehört ______	______
☐	Für den Urlaub an der Küste wünsche ich mir ______	______
☐	Graf von Zeppelin baute um 1900 am Bodensee ______	______
☐	______ gelang als Ersten ein Flug mit einem Motorflugzeug.	______
☐	Otto Lilienthal widmete sein ganzes Leben ______	______
☐	Manchmal sieht man nachts am Himmel ______	______

> Tipp
> (D) der Segelflug
> (C) der erste Heißluftballon
> (R) die Brüder Wright
> (E) ein Satellit
> (O) das erste lenkbare Luftschiff
> (O) ein Hubschrauber
> (C) ein Lenkdrachen
> (N) der Albatros

c) Schreibe in die rechte Spalte, welches Satzglied du eingesetzt hast.

d) Hast du alle Wendungen in der richtigen Reihenfolge eingefügt, ergeben die Buchstaben in den Kästchen, von oben nach unten gelesen, den Namen des schnellsten Passagierflugzeugs.

Satzglieder erkennen

Schulnoten

Rafael wäre am liebsten immer weitergegangen. Vielleicht hätte er dann im Radio gehört, dass er unbedingt zurückkommen soll, egal, mit welchen Noten. Er ging die Treppe hoch. Oben klingelte er und sein Bruder Klaus öffnete ihm die Tür. „Wie war's?", fragte er. „Na ja", brummte Rafael. Es roch nach Pfannkuchen. Seine Mutter war in der Küche. Mächtig gut gelaunt wirkte sie. Rafael wollte ihr die Laune nicht gleich verderben. Er ging in sein Zimmer und warf die Tasche mit der Fünf auf sein Bett. „Komm zum Essen!", rief seine Mutter. „Ja", sagte Rafael und dachte: Ich sage ihnen alles, aber erst nach dem Essen. Schimpfen wird Mutter wohl nicht, sie wird mir nur eine Rede halten von wegen mehr lernen und so. Und Klaus wird sagen: Das ist doch alles ganz einfach! Aber der Angeber hat mir gar nichts zu sagen. „Stell dir vor, der Deutschlehrer hat Klaus eine Zwei im Zeugnis versprochen. Ist das nicht toll?" Zum Glück erwartete sie keine Antwort, sondern gab jedem einen Pfannkuchen auf den Teller. Plötzlich fragte Klaus: „Hat der Müller euch schon die Arbeit zurückgegeben?" Rafael überlegte: Sag ich's ihnen? Schließlich ging er in sein Zimmer und holte die Mathematikarbeit. Rafael zeigte ihnen die Fünf. Und dann geschah etwas, was er nicht erwartet hatte: Seine Mutter schenkte ihm ein Lächeln.

1 Vervollständige die Sätze mit Hilfe des Textes. Markiere die verschiedenen Satzglieder mit unterschiedlichen Farben.

Sein Bruder öffnete ____________ *die Tür.*

________ *sage* ______________________________.

____________ *hat* ____________ *zu sagen.*

______________________ *hat* ________

____________ *versprochen.*

________ *gab* ______________________________

______________________.

____________ *hat* ______________________

______________________ *zurückgegeben.*

____________ *zeigte* ____________________.

____________ *schenkte* __________________

______________________.

Bildquellen: Titelfoto: Thomas Schulz; S. 4 Astrofoto Bildagentur GmbH; S. 6 Avenue Images/FRESH!; S. 35: Bayerisches Landesamt für Denkmalpflege, Schloss Seehof bei Bamberg; S. 39 Picture-Alliance/akg-images/Erich Lessing; S. 48 Caro/Oberhaeuser; S. 53 Avenue Images/Harrison, Pat; S. 55 Picture-Alliance/dpa; S. 67 Picture-Alliance/ZB; S. 68 Picture-Alliance/KPA/Theissen

Textquellen: **S. 4** In der Wetterküche der Erde. Aus: Was ist was? Das Wetter. Band 7. Nürnberg (Tessloff Verlag) S. 4–5. **S. 7** Computerspiele austricksen macht Spaß. Nach: Stafette Nr. 9. September 1998. Nürnberg (Sailer Verlag) 1998, S. 22. **S. 10** Wie Eulenspiegel sich zu Braunschweig als Bäckergeselle verdingte ... Aus: Ein kurzweilig Lesen von Till Eulenspiegel, geboren aus dem Lande zu Braunschweig, wie er sein Leben vollbracht hat. Berlin (Eulenspiegel Verlag) 1974, S. 79–81. **S. 13, 16, Lösungsheft S. 4** Es war einmal ein Paar Schuhe: Aus: Gelberg, H.-J. (Hg.): Augenaufmachen. 7. Jahrbuch der Kinderliteratur. Weinheim (Beltz & Gelberg Verlag) 1984, S. 48–49. **S. 20** Der Hase und die Schildkröte. Übersetzt von Horst Gasse. Aus: Therese Poser (Hg.): Fabeln: Arbeitstexte für den Unterricht. Stuttgart (Reclam) 1987, S. 10 f. **S. 23** Der Wolf und das Schaf: Aus: Fabeln aus drei Jahrtausenden. Auswahl und Nachwort von Reinhard Dithmar, Zürich (Manesse-Verlag) 1976, S. 196 f. **S. 29** Singender Kuchen. Nach: http://www.hausfrauenseite.de (© Carola Enning, 2005). **S. 30** Die Kelten. Aus: http://www.blinde-kuh.de/kelten (© Birgit Bachmann, 2004). **S. 31 f.** Die Kelten. Nach: Die Kelten. Nürnberg (Tessloff Verlag) 2003, S. 14 f., 18 f., 26. **S. 40** Am Freitag ...: Aus: Mainpost Nr. 254, 02. 11. 04. **S. 52** Schnell und frisch. Über 130 leichte Gerichte für den Feierabend. Köln (Naumann & Göbel) 2001, S. 36. **S. 62** Nach: Klares Wasser: Warum die Gewässer umkippen und was wir dagegen tun können. Hamburg (Carlsen Verlag) 1991. **S. 63** Nach: Bäume: die wichtigsten Arten in Farbe. Aus dem Englischen von Eva Weyandt. München (Bertelsmann Verlag) 1999. **S. 64** Nach: Stephan-Kühn, Freya: Viel Spaß mit den Römern! Spiel- und Lesebuch zur römischen Geschichte. Würzburg (Arena Verlag) 1990. Nach: James, Simon: Das alte Rom. Hildesheim (Gerstenberg Verlag) 1991.

Dieses Werk berücksichtigt die Regeln der reformierten Rechtschreibung und Zeichensetzung. Bei den mit R gekennzeichneten Texten haben die Rechteinhaber einer Anpassung widersprochen.

Illustrationen: Titelillustration: Maja Bohn; S. 8, 14, 20, 22: Sylvia Graupner; S. 10–15, 31–37: Petra Ballhorn; S. 18, 19, 25, 61: Marlies Finke; S. 26–28, 42–45: Lisa Smith; S. 41: Nina Pagalies; S. 46–79: Cleo-Petra Kurze

Redaktion: Gabriella Wenzel
Umschlaggestaltung: Knut Waisznor
Layout: Volker Noth Grafik-Design
Technische Umsetzung: Ulrike Kuhr

www.cornelsen.de

2. Auflage, 1. Druck 2006 / 06

Druck: Druckhaus Berlin-Mitte

ISBN- 13: 978-3-464-60469-4
ISBN- 10: 3-464-60469-1

Inhalt gedruckt auf säurefreiem Papier,
umweltschonend hergestellt aus chlorfrei gebleichten Faserstoffen.